AF607717

Enfermedades e higienistas tinerfeños

Tránsito del siglo XIX al XX

Enfermedades e higienistas tinerfeños. Tránsito del siglo XIX al XX

Imágenes cubierta
Manicomio Provincial, 1905-1910 (FEDAC: Colección José A. Pérez Cruz)
Grabado: Personal del hospital de coléricos, 1890 (FEDAC: Colección José A. Pérez Cruz)

Dibujo contracubierta
Jerónimo González Yanes

Diseño y maquetación
Yurena Cabrera Vera

LeCanarien ediciones
Avda. de Canarias, 12
La Orotava – S/C de Tenerife
www.lecanarienediciones.com
686 186 730

Primera edición
Santa Cruz de Tenerife, febrero 2025

ISBN: 978-84-19694-87-4
DL: TF 51-2025

Este libro ha sido subvencionado por el Cabildo de Tenerife
(Convocatoria de subvenciones para proyectos del sector editorial, 2024).

Enfermedades e higienistas tinerfeños

Tránsito del siglo XIX al XX

Jerónimo González Yanes

A mi madre, Margarita.

ÍNDICE

Introducción

Con el presente trabajo *Enfermedades e higienistas tinerfeños. Tránsito del siglo XIX al XX*, se pretende describir una época no tan lejana, en la que realizando lo que hoy entendemos como unas elementales normas higiénicas, se podían paliar muchas enfermedades; algunas de ellas tan peligrosas que desencadenaban epidemias, y ocasionaban una elevada mortalidad, pero que por su desconocimiento se omitían. Fue la época del desarrollo del higienismo.

En cuanto al concepto de transitar o pasar de una época a otra en Historia, no significa una línea de separación entre éstas, sino que se proyectan desde un tiempo antes hasta otro posterior de ese espacio imaginario, que pretendemos definir como línea divisoria.

Por ello, en el presente supuesto del tránsito del siglo XIX al XX, nos remontaremos a un periodo en torno a veinte años antes y veinte -o más- después de ese paso de centuria, sucediendo que en algunos casos se citen hechos que se materializarán más allá de esas fechas, pues son la continuidad de episodios anteriores.

Se pretende explicar, desde un punto de vista histórico y de forma coloquial cómo fue ese paso desde los inicios, partiendo de una medicina experimental, que busca identificar a los agentes causantes de la enfermedad, para desarrollar una terapia con los pocos medicamentos existentes, sin olvidar la higiene y el clima, que son los "medicamentos naturales" que de forma gratuita y natural se disponen.

La conocida aspirina no se descubrirá hasta 1897, por *Hoffman*, o la penicilina -años más tarde- por *Fleming* en 1928, por citar dos exponentes vitales para "remedios milagrosos" como bajar la fiebre, aliviar dolores, reducir la inflamación, o eliminar la infección, respectivamente, que redujo enormemente la mortalidad y alivió el sufrimiento.

Pero el movimiento higienista que se desarrolla entre los años 1880 y 1920, coincidente con el periodo estudiado en nuestra tierra, estuvo centrado principalmente en los problemas sanitarios del hábitat (ciudadelas o inquilinatos); en los vertidos de aguas sucias y la contaminación de las limpias; en la prevención de las enfermedades infecto-contagiosas, causantes de las epidemias; además de la malnutrición de la población, que tendrá vital importancia en la propagación de algunas enfermedades, como la tuberculosis, el ejemplo más relevante.

Afortunadamente, cuando esta patología dispara su expansión por las Islas se iniciarán grandes descubrimientos, como la vacuna frente a la misma (la BCG), a los que se añaden los tratamientos existentes con arsénico, fósforo, yodo, calcio, quimioterapia por el oro, o la estreptomicina que descubre *Albert Schatz*, muchos años más tarde.

Además, a lo largo de este breve trabajo, veremos las patologías que causaron gran mortalidad: cólera, viruela, peste, tuberculosis, gripe, entre otras, así como los establecimientos sanitarios que cobijaron a los enfermos, y los principales galenos dedicados a paliar las epidemias causadas por los males citados, que tuvieron como *leitmotiv* siempre lo mismo: el higienismo y la instrucción a la población sobre los buenos usos sanitarios.

Los establecimientos benéficos, el nacimiento del hospitalito, la creación del Manicomio, los diferentes organismos: de vacunación, dispensario antituberculoso y antivenéreo, así como otros centros públicos y privados, se describen su recorrido, desde su nacimiento y evolución hasta su normalización, en muchos casos con penurias y tirando de lo que hoy se conoce como solidaridad y en aquel momento caridad popular.

A esta corriente para combatir y mejorar la salud se dedican -como aparecen en el epígrafe correspondiente- ilustres figuras médicas de la Isla, al igual que el único organismo que estudia y divulga la ciencia en ese momento: la Academia de Medicina, que investiga nuevos modos para prevenir las enfermedades, difundiendo sus novedades para incrementar la protección de la salud y prolongar la vida del hombre.

Además, se convierte en el ente regulador de la praxis médica y freno de los "vende elixires" de la vida.

De igual manera, se entenderá por qué unas Islas que estaban muy lejos de los grandes focos de infección, ubicados en Europa, Asia o América, se contaminan con la mayoría de enfermedades que existían en esos lugares: los puertos marítimos y la recepción de visitantes, que venían en busca del buen clima canario para curar sus males, pero que infectan a los isleños que además gran parte de la población padecía malnutrición.

Otro factor, si bien en menor medida, fue la aclimatación -de soldados, principalmente-, sobre todo para aquellos que regresan de las colonias americanas que nos traen enfermedades de esos lugares, como la fiebre amarilla, resultando otra puerta de entrada para estas desvalidas islas, carentes de infraestructuras sanitarias y de medios para combatirlos.

Los descubrimientos de la ciencia que van apareciendo, unido a la inquietud de los profesionales sanitarios por adquirirlos, que acudían a todos aquellos eventos científicos en el exterior, beneficiarán con sus actualizaciones a los habitantes de esta tierra.

I.- La época

Situándonos en el contexto histórico del último tercio del siglo XIX, la Bacteriología se desarrolla de forma vertiginosa, pues a través de ésta se conocerá el origen de muchas enfermedades pudiéndose responder a sus consecuencias de forma más eficaz. Louis Pasteur, durante la década de 1850, demuestra que los microorganismos sólo surgen a partir de microbios, y Robert Koch finalmente encuentra que las bacterias son el origen del mal de las enfermedades[1].

Ya, desde la segunda mitad de este siglo, la Medicina logra sus mayores éxitos en la lucha contra las epidemias. El descubrimiento de los microbios es uno de los aspectos más importantes de esta época, que junto a la prevención alcanzará brillantes resultados. Las causas de las enfermedades en el individuo se entendían por la falta de alimentación, de poca higiene, por el frío, etc., pero no se interpretaban las epidemias como factores de la naturaleza, que atacan a la población extendiéndose entre ésta rápidamente.

Se conocía, sin embargo, que las personas podían enfermar y transmitir la enfermedad por contacto directo, por las ropas, los utensilios y por ello eran aislados y confinados en lugares apartados, aplicándosele cuarentenas como medida más acertada. Por ello, en la lucha contra la tuberculosis o el cólera con estas medidas se logran grandes éxitos. Estas dos enfermedades -entre otras- fueron las mayores desgracias a las que tuvo que hacer frente la sociedad tinerfeña de la época.

---

[1] La Bacteriología es la ciencia que trata del estudio de las bacterias y, en general, de todos los microorganismos. Recibe también el nombre de Microbiología, que podría definirse como la ciencia que se ocupa del estudio de los microbios o microorganismos de ínfimo tamaño que abundan en la naturaleza y que perturban con mucha frecuencia la vida del hombre. PIMULIER, F.: *Diccionario de Medicina, Cirugía y Especialidades.* Madrid. 1973, p. 208.

Las ciudades fue el lugar donde se instalaron las primeras industrias, a las que llegaba la población rural en busca de trabajo, no estando preparadas para la elevada cantidad de gente que se instalaba en ellas, lo que originó graves problemas causados por la escasez de vivienda, que trajo consigo el hacinamiento.

A esta situación se le unieron las pésimas condiciones laborables, trabajando de sol a sol -incluso menores-, con escasos sueldos, unido a la alimentación deficiente, la insalubridad, lo que favorecía la proliferación de enfermedades contagiosas, que produjeron una alta tasa de mortalidad.

Ante este panorama, los médicos fueron el baluarte principal de la lucha contra la enfermedad, pues eran los que estaban en contacto directo con los obreros de los lugares donde se producía el hacinamiento, la desnutrición y unas pésimas condiciones de higiene. Eran los primeros en estudiar la mortalidad, verificando que a la enfermedad había que sumarle las pésimas condiciones higienico-sanitarias que multiplicaban los fallecimientos.

Hasta ese momento, la explicación que prevalecía era la de los miasmas, que eran las emanaciones fétidas del suelo, de las aguas sucias y de las secreciones (sangre, esputos...) de los enfermos, que se trasmitían por el aire propagando las enfermedades. No cabe duda que, el lugar donde se producían los mayores casos de infectados, eran los barrios malolientes de la gente pobre y hacinada.

El higienismo

Es una corriente del pensamiento en auge desde el siglo XVIII, promovida por los médicos mayoritariamente. La base del pensamiento se centra en el impacto que ocasionó la revolución industrial, la influencia del entorno y del medio social de las enfermedades. En el siglo XIX, los médicos preocupados por la salud de la población se interesan por la higiene proliferando en este siglo la literatura higienista con una base científica.

Las epidemias, enfermedades contagiosas, costumbres populares de la época, mortalidad infantil y general, alimentación, educación sanitaria, serán los temas objeto de estudio y debate de la clase médica durante este periodo. Por ello, la higiene se introduce en todas las áreas de actuación que estaban relacionadas con la sociedad y las enfermedades. De esta forma, se va configurando una disciplina que los médicos con sus conocimientos sobre la higiene pondrán en práctica.

Por ello, hacen estudios sobre regiones y comarcas, consideran la génesis y evolución de las enfermedades influidas por el clima y el medio local. Las obras de divulgación, así como la diversidad de trabajos que demuestran o atestiguan el interés de la tradición higienista y su importancia para la Medicina y la Sanidad, aumentan considerablemente. Con la creación de la Academia de Higiene de Cataluña, en 1887, se contribuye a fundamentar la doctrina higienista en España, desplegándose una intensa y extensa labor divulgativa[2].

En el último tercio del siglo XIX y principios del XX, las mayores preocupaciones de los médicos estaban centradas en las endemias y epidemias de procesos infecciosos como: tuberculosis, sífilis y heredosífilis, viruela, difteria, tifus, rabia, peste bubónica, gripe; la mortalidad infantil y la cirugía heroica y menos heroica, referentes a indicaciones y técnicas complejas, como eran las operaciones del tímpano o de las resecciones transuretrales de la próstata. Importante destacar la incorporación de las nuevas aportaciones farmacológicas, sobre todo en los procesos infecciosos.

No se puede olvidar que la Medicina hasta ese momento mayoritariamente era dogmática, fundada en aforismos, sin una base científica. Precisamente, durante ese periodo de tiempo será cuando se realiza la transformación de los conocimientos médicos más importantes de la historia.

Por último, reseñar que la puesta en práctica de las normas legales sobre la aplicación de las condiciones higiénicas, muchas veces en-

[2] BALUFER PERUGA, M: Ciencia de la Salud y ciencias de las costumbres: higienismo y educación en el siglo XVIII. *Áreas, Revista de Ciencias Sociales*, 20 (2000), pp. 26 y 45.

traban en conflicto con intereses públicos y privados, ya fueran de carácter comercial: mataderos, mercados de abastos, comercios en general; industrial, manufacturas, pequeños talleres, fábricas; eclesiásticas, iglesias, cementerios; militares, ejército y la armada; intelectual, protomedicato, docencia en medicina y farmacia; y civil, propiedad pública y privada.

A parte de este amplio abanico, se incluyen otros, que requieren una serie de mejoras de tipo técnico, como el abastecimiento de aguas, alcantarillado, armonizar nuevo suelo urbano, exigiéndose para ello una premura que no siempre la tesorería pública podía afrontar, ni el capital privado tenía la posibilidad de llevar a cabo.

A pesar de este panorama, en Tenerife existía un núcleo de médicos de alto nivel científico, profesional y cultural. Algunos incluso habían estudiado en universidades extranjeras, pues las comunicaciones de las Islas a veces eran más fáciles con el extranjero que con la Península. En palabras del doctor José Pérez y Pérez, se les consideró como "un grupo notable de patricios tinerfeños"[3].

Este grupo de médicos preocupados por elevar el nivel científico y profesional de la clase médica en las Islas, incluso fueron capaces de ponerse de acuerdo para fundar una institución donde se estudiarán y propusieran soluciones a los problemas médicos y sanitarios de la Isla y del Archipiélago en general, aunque este aspecto se estudiará más adelante[4], que fueron las Academias de Medicina.

Otro aspecto relevante de la Islas Canarias son las características climatológicas, ya que los médicos europeos estudian la posibilidad terapéutica del clima en relación con determinadas afecciones como son las denominadas "enfermedades del pecho".

---

[3] VV. AA.: *Real Academia de Medicina de Santa Cruz de Tenerife. Primer Centenario de su Fundación (1880–1980)*. Editorial Garsi. Madrid, 1981, p. 8.

[4] GUIGOU Y COSTA, D.: *Los niños canarios. Ensayo de Higiene Regional Infantil. Consagrado especialmente a las madres de familia*. Ediciones Idea. Santa Cruz de Tenerife, 2004, pp. 9-11.

La uniformidad de la temperatura, la débil variación termométrica entre las diferentes estaciones del año -incluso, entre el día y la noche- la corta oscilación en el gradiente de humedad y el elevado número de horas de sol a lo largo del día y del año. Todo ello, hace que el Archipiélago sea considerado como establecimiento sanitario[5].

Contexto geográfico

Antes de conocer la situación sanitaria de la capital tinerfeña, detallemos donde nos encontramos. La isla de Tenerife tiene una extensión de 2.036 kilómetros cuadrados. Es una gigantesca pirámide, con los vértices de la base en el este (Anaga), oeste (Teno) y sur (La Rasca). Su longitud, entre la Punta de Anaga hasta la denominada de la Rasca, está en torno a los 85 kilómetros. Su anchura, entre esta última y la de Teno, es de unos 55 kilómetros. A lo largo de la isla se extiende una cadena de altas montañas conocida como cordillera Dorsal, de donde nacen numerosos y profundos barrancos. Aproximadamente, en el centro de la misma se encuentra el pico más alto de España, El Teide[6].

El suelo mayoritariamente es fértil y en sus quebradas laderas abundan pinos, brezos, sauces, etc., que forman "hermosos bosques como los de Taganana, Aguirre, Las Mercedes, La Esperanza, Agua García, Monteverde, Güímar, Icod, Garachico, Guía y otros varios, todos ellos bastantes extensos".

El clima se encuentra sometido a los efectos más variados, tanto físicos como atmosféricos, que dan lugar a una gran diversidad de temperaturas con marcados contrastes climáticos. Las Islas están en una latitud subtropical, afectándole el anticiclón de las Azores que se desplaza hacia el norte en verano y al sur en invierno. Estos anticiclo-

---

[5] ORY AJAMIL, F., y GONZÁLEZ LEMUS, N.: *Canarias y el Imperio Alemán. El Valle de La Orotava y Las Cañadas del Teide en la órbita de los intereses germanos.* Imprenta Atlas. Tenerife, 2003, p. 15.

[6] En la década de 1970 se estimaba que la altitud del Teide era de 3.718 metros sobre el nivel del mar y 7.500 sobre el lecho oceánico. Sin embargo, en 2019 el Instituto Geográfico Nacional de España situó la altitud del Teide en 3.715 metros.

nes subtropicales emiten vientos conocidos como los alisios, que tienen poca velocidad y son más potentes en verano. Aportan humedad y nubosidad gracias a su largo recorrido sobre el mar[7].

En las costas es templado y muchas veces caluroso en todas las estaciones, siendo en las zonas altas húmedo y bastante frío durante el invierno, de modo que con cambiar de "residencia se puede tener todo el año una temperatura media constantemente igual: Santa Cruz de Tenerife estación de invierno, La Laguna propia para el verano, y en la primavera y otoño el delicioso Valle de la Orotava"[8].

En cuanto a la capital, Santa Cruz de Tenerife, situada en el noreste de la Isla, en torno al último tercio del siglo XIX estaba configurada de la siguiente manera. Existían dos barrios populosos, además de una parte céntrica más urbana. El barrio del Cabo, situado al sur, estaba separado de la población por el barranco de Santos, y el llamado del Toscal, se encontraba al norte de la población y lo separaba también otro barranco, el de Almeida. Las conducciones de agua potable para abasto público la realizaban las atarjeas, que procedían de varios manantiales existentes en la zona de los Aguirres y en los Catalanes, a unos seis kilómetros de la capital.

Una vez allí, el líquido elemento se depositaba en unos aljibes desde donde se reparte a la población. Para la bebida de los hombres y animales, para el lavado de las ropas y para los demás usos en que no podían reemplazarse por la salobre de los pozos o la del mar, no existía otra que la citada del manantial. El análisis químico y bacteriológico practicado en las fuentes son apropiadas, "pudiendo conceptuarse como agua muy pura según la Clasificación del Comité Consultivo de Higiene Pública de Francia"[9].

[7] VV. AA.: *Geografía de Canarias.* Tomo V. Editorial Interinsular Canaria, S. A. Santa Cruz de Tenerife. 1983, pp. 9-30.

[8] FEO PARRONDO, F.: "Geografía Médica de Santa Cruz de Tenerife (1909)", en *Vegueta, Anuario de la Facultad de Geografía e Historia*, nº 8. Servicio de Publicaciones de la Universidad de Las Palmas. 2004, pp. 154-155.

[9] *Op. Cit*, pp. 156-157.

Sin embargo existían otros problemas más serios relacionados con las aguas, como los de su vertido. Desde los primeros años de la década de los ochenta del siglo XIX, en Santa Cruz de Tenerife existía un foco de infección perenne que llamaba la atención de "toda persona pensadora y que debe fijar de una manera eficaz la de nuestro Ayuntamiento, encargado de combatir constantemente las causas mefíticas que envenenan el aire de la urbe". Se podía desarrollar en determinados circunstancias meteorológicas epidemias mortíferas o afecciones febriles de carácter marcadamente pútrido[10].

Este foco se encontraba en la desembocadura del barranco de Santos, debido a que los vertederos que desaguaban en el mismo "proceden de las alcantarillas y sumideros de las casas que componen el Barrio del Cabo, calle de la Noria, Plaza de la Iglesia y callejuelas adyacentes"[11].

Estos vertederos, junto al foco de infección que producían los residuos vertidos por el Hospital de los Desamparados, arrojaban sobre la población olores nauseabundos, sobre todo cuando soplaban vientos del Sur. Entonces, surge la idea del médico municipal doctor Luis Dugour[12] de "construir a uno y otro lado del barranco anchas atarjeas con bastante declive y perfectamente cubiertas que recojan las inmundicias que hoy caen a la vista de todos". Recomendaba también que se enterraran en la playa bajo la línea hasta donde llega la marea alta,

---

[10] En el periodo estudiado en el presente capítulo, se produjeron varias epidemias de viruela, cólera, peste, etc., cuya puerta de entrada fue el muelle de esta ciudad extendiéndose por el resto de la Isla e incluso pasando en algunas ocasiones a otras.

[11] *Diario de Tenerife*, nº 22, 25 de noviembre de 1886. Santa Cruz de Tenerife.

[12] Luis Dugour Ruz, nació en Santa Cruz de Tenerife en 1846, falleciendo en esta misma ciudad en 1913. Ejerció como médico titular de Santa Cruz durante toda su etapa profesional –salvo un pequeño periodo en Lanzarote y Las Palmas–, pasando a desarrollar al final de su vida labores burocráticas de estadística, informaciones, etc., dejando la actividad asistencial. Fue un significado miembro de la Masonería y fundó el Instituto de Lactancia. *La Prensa*, 17 de mayo de 1913; y DE PAZ SÁNCHEZ, M.: *Historia de la Francmasonería en las Islas Canarias (1739 – 1936)*. Excmo. Cabildo Insular de Gran Canaria. 1984, p. 810.

"librándonos así de las pestilentes emanaciones que surgen a todas horas del Barranco de Santos"[13].

De otra parte, no era recomendable mantener una situación sanitaria de estas características en la puerta de entrada de Tenerife, pues cada día aumentaba el número de extranjeros que visitaban la Isla buscando el alivio de sus dolencias, por la influencia de "nuestro clima sin igual, bien atraídos por las bellezas naturales del país o buscando motivos de estudio".

Esto originaba que con frecuencia se publicaran en el extranjero artículos en prensa e incluso libros, que con sus descripciones detalladas contribuyeron al conocimiento de los atractivos que para las personas sanas y enfermas ofrecía este Archipiélago, "casi desconocido hasta hace poco incluso en España". En el Puerto de la Orotava hay algunas familias extranjeras que se prestan a admitir en sus casas -por módicos precios- huéspedes que quieren pasar una temporada allí. Además, en dicho lugar, "existe un buen hotel que lleva el nombre de una persona de alto rango muy conocida en el país"[14], sin señalar el nombre de esa persona.

En 1884, el gobernador civil de la provincia ante los telegramas recibidos desde Madrid, por la epidemia de cólera que sufre Marsella (puerto de mar muy relacionado con la Península y las Islas Canarias), recomienda a los diferentes municipios que adopten una serie de medidas, asumidas ya por la Junta de Sanidad de Santa Cruz, para prevenirla.

Estas medidas –que venían a desarrollarse en diecinueve puntos– iban desde la higiene del agua y los alimentos, la limpieza de las vías públicas y domicilios particulares, vigilancia de los mataderos públicos y los diferentes puntos de venta de carnes y pescados, aplicación extrema de las recomendaciones que hicieran "los profesores médicos sobre la higiene de los hospitales y cementerios", reconocimiento escrupuloso

---

[13] *Diario de Tenerife. Op. Cit.*

[14] *Diario de Tenerife*, nº 54, 3 de enero de 1887; y *La Opinión*, nº 459, 6 de enero de 1887. Santa Cruz de Tenerife.

de harinas y elaboración del pan, así como la venta de vegetales y frutas que no fueran frescas, entre otras de carácter higiénico-sanitario[15].

Santa Cruz de Tenerife realizó, en 1888 la división sanitaria a efectos de la hospitalización domiciliaria, adjudicándose el distrito Norte al doctor Hernández, el Centro al doctor Cullen y del Sur al doctor Dugour. El primero, comprendía gran parte de la población y las afueras hacia el Norte, desde las calles San Felipe Nery, San Roque, Pilar, Paseo de los Coches y Rambla del 11 de febrero; el segundo, las zonas comprendidas entre las calles que sirven de límite a los otros dos distritos y afueras hacia el Oeste; y el tercero, el resto de la población y afueras hacia el Sur, desde las calles de la Luz, Rosario, Miraflores, Santa Isabel y Laguna[16].

Mientras, la Guerra de Cuba ocupaba el centro de la atención tanto de las Islas como del gobierno conservador de Cánovas, hasta su muerte a manos de *Angiolillo*, un anarquista italiano, en agosto de 1897[17]. En el momento de la insurrección cubana, España se encontraba aislada y sin apoyos internacionales. No podrá resistir el enfrentamiento con Estados Unidos, que se presenta como una nueva potencia emergente. Tras el asesinato de Cánovas, vuelve a presidir el Ejecutivo el liberal Sagasta, partidario de un entendimiento con Estados Unidos. La guerra terminó con la firma del Tratado de París en diciembre de 1898.

España, entonces, reconoce la independencia de Cuba, cede a Estados Unidos las islas de Puerto Rico, Filipinas y Guam a cambio de

---

15 AMLL. Serie: Sanidad, sección segunda, S-V (2).

16 *Diario de Tenerife*, nº 366, 17 de enero de 1888.

17 Antonio Cánovas del Castillo (Málaga, 1828-Mondragón, 1897). Político e historiador español que tuvo un especial protagonismo tras la restauración borbónica. En diciembre de 1874, se formó el Ministerio-Regencia que presidió a la espera de que Alfonso XII regresara a España, poniendo en práctica sus planes de restauración; que ya había redactado en el Manifiesto que había entregado al entonces príncipe, en el que se proponía un sistema bipartidista de alternancia en el poder, así fue siete veces presidente del Consejo de Ministros. En 1876, se encargó de redactar y promulgar una nueva Constitución desarrollada por un grupo de personalidades que él mismo había designado y que estuvo vigente hasta el golpe de Estado de Primo de Rivera, en 1923. Curiosamente, junto a varios grupos empresariales, estaba a favor del esclavismo en las provincias ultramarinas, pero pese a ello firmó la abolición en 1880, aplicándola en Cuba de forma gradual hasta 1886 que desapareció.

una prestación económica, y vende las Islas Carolinas, Las Marianas y Las Palaos a Alemania, en 1899, por quince millones de dólares[18]. Las enfermedades que traían los soldados que retornaban de Cuba, principalmente a través de los puertos canarios, eran motivo de gran preocupación para los médicos y autoridades de la época.

En el mes de noviembre de 1898, la Dirección de Sanidad Marítima del puerto de Santa Cruz de Tenerife recibió una Real Orden, para que realizase una observación rigurosa de los soldados repatriados que hacían escala en la Isla, que venían a bordo del vapor Hespérides. La mayoría de las veces carecía de un médico a bordo.

Incluso la Sociedad La Benéfica ofreció uno de sus carruajes fúnebres por si fallecía alguno y había que trasladarlo para su enterramiento, ya que se carecía en muchas ocasiones de transporte para los enfermos o fallecidos. Estas enfermedades infecciosas, que traían los repatriados, querían ser evitadas por las autoridades para intentar que no provocaran mayores epidemias y catástrofes entre la población[19].

Otra nueva norma, el Real Decreto de 31 de octubre de 1901, venía a reforzar la lucha contra la enfermedad. Comenzaba afirmando que la mayoría de las patologías agudas y crónicas eran infecciosas y capaces de transmitir la maligna causa de su desarrollo. Contra la propagación de estas enfermedades, el remedio más eficaz era la desinfección, para intentar destruir los gérmenes causantes de las enfermedades impidiendo su difusión. Se reconocía que la desinfección era una obra eficaz para evitar las enfermedades y que era obligatoria la declaración a la autoridad municipal de los enfermos de peste, fiebre amarilla, cólera, lepra, viruela, sarampión, escarlatina, difteria, tifus, fiebre tifoidea y tuberculosis[20].

Señalaba el Real Decreto que los Ayuntamientos establecieran un Negociado de Sanidad, para que se restringieran las viviendas con enfermedades infecciosas. Se ordenaba la práctica de la desinfección y

18 CARR, R.: *España, 1808–1975.* Editorial Ariel, S. A. Barcelona. 1982, pp. 344-347.

19 *Diario de Tenerife*, 12 de noviembre de 1898.

20 *Diario de Tenerife*, 4 de noviembre de 1901, p. 2.

de aquellas medidas necesarias para la conservación y propagación de las enfermedades. Era obligatoria la desinfección de las casas y habitaciones, se prohibía la venta de prendas de vestir o de cama, muebles, alfombras, cortinajes, tapicerías y demás efectos análogos que no hubieran sido desinfectados. El doctor Guigou[21], debido a la preocupante situación apoyaba la urgencia de una campaña contra la tuberculosis en la Capital, ya que no se había hecho nada al respecto.

Recordaba Guigou que las cigarrerías eran lugares para enfermar por dos razones: el polvo del tabaco y el contagio, pues como llevaban algunas partículas que herían microscópicamente la mucosa bronquial al ser respiradas con el aire, abrían las puertas de entrada en los bronquios, que en organismos predispuestos por alimentación insuficiente o por otra causa, encontraban terreno abonado para desenvolver su acción funesta.

> *Si se pidiese una cartilla para combatir la tuberculosis en Santa Cruz, se reduciría a tres artículos: guerra al esputo, buena alimentación y aire puro, debiéndose obligar a los dueños de talleres de todas las clases a colocar escupidores grandes, al lado de cada obrero, mediados de agua antiséptica cualquiera, puesto que el esputo sólo se hace contagioso al secarse y convertirse en polvo respirable con el aire*[22].

Al mismo tiempo, manifestaba que se debía obligar a que los salones de trabajo tuvieran la capacidad correspondiente al número de trabajadores, dándoles ventilación amplia que renovara sin cesar el aire y obligándoles a sus dueños a cumplir todas las prescripciones higiénicas. La autoridad local contaba con "ilustrados consejeros que podían guiar en esta empresa", para lo que "no necesita dinero sino la convicción de la eficacia de los medios que han de ponerse en práctica"[23].

De igual forma, el Dr. Guigou apoyaba la idea de que a través de los artículos en la Prensa y de la higiene entre la población se podían combatir las enfermedades, además de tener un gran parque en la ciu-

---

[21] Médico del que se hablará más delante de manera detallada, dada su importancia y protagonismo en la época estudiada.

[22] *Diario de Tenerife*, 4 de agosto de 1902, p. 2.

[23] *Op. Cit*, p. 3.

dad de Santa Cruz que enriqueciera el paisaje de la capital y fuera al mismo tiempo un lugar de recreo para el vecindario, principalmente para los niños pobres.

Este médico, en 1900, continuaba realizando operaciones en el Hospital de Santa Cruz, ayudado por los doctores Costa, padre e hijo. También, señalar gestos altruistas por parte de algunos médicos como los citados, que atendían en su domicilio particular a los enfermos, realizándoles las primeras curas y recomendándoles que fueran enseguida al hospital, motivo por el cual la población tinerfeña le tenían gran admiración.

Durante todo el último tercio del siglo, la preocupación sanitaria que prevalecía era el mantenimiento de la higiene, pues toda la Prensa de la capital tinerfeña: *La Opinión*, *El Independiente*, *Diario de Tenerife* y *El Cronista de Tenerife*, entre otros..., dirigían artículos al alcalde de la capital, Juan Martí y Dehesa, por el abandono en que se encontraba la higiene en la población.

Asimismo, en *La Opinión* se proponía la desaparición de las letrinas de los pórticos de la Iglesia de la Concepción, porque se formaban charcos y olía mal. *El Independiente*, manifestaba la mala limpieza pública en la capital, y el *Cronista de Tenerife*, se dirigía al alcalde para que desaparecieran los focos de infección que constituían una amenaza constante para la salud pública, argumentando que sólo la miseria, la ruina y la despoblación pueden sucederse en sitios permanentemente enfermizos[24].

[24] *El Cronista de Tenerife*, 17 de febrero de 1903. Santa Cruz de Tenerife, p. 1.

II.- Las academias médicas

Las academias se crearon en España en 1830, pero no sería hasta 1879 cuando unos médicos de Tenerife, con alto nivel científico y cultural; algunos habían estudiado en el extranjero, porque las comunicaciones eran más fáciles con el extranjero que con la Península -por lo cual realizaron allí sus estudios-, se preocuparon por elevar el nivel científico y profesional de la clase médica. Tras varias reuniones decidieron constituir en Santa Cruz de Tenerife una Academia Médico-Quirúrgica, que fue la primera de Canarias, en las que se estudiarán y buscarán soluciones a los problemas médicos-sanitarios de la ciudad, de la Isla y del Archipiélago en general.

La Academia Médico-Quirúrgica de Canarias

El 25 de diciembre de 1879, se constituye la primera Junta Directiva, que resultó: presidente, Ángel María Izquierdo Rosso; vicepresidente, Víctor Pérez; tesorero, Eduardo Domínguez Alfonso[25]; y secretarios

[25] Eduardo Domínguez Alfonso, nació en Arona el 13 de octubre de 1840. Cursó en el Instituto Provincial todas las asignaturas de Bachiller en Filosofía, marchando después a la Península a emprender sus estudios en Medicina. Ejerció los cargos de presidente de la Academia Médico Quirúrgica y del Colegio Oficial de Médicos de Canarias. Médico titular de la Hospitalidad Domiciliaria de la Provincia y director de Sanidad Marítima, director de la Sociedad Económica de Amigos del País, presidente del Casino de Santa Cruz de Tenerife, vocal de las Juntas de Sanidad municipal y provincial y subdelegado de Medicina. Fue el primer presidente del Cabildo insular de Tenerife, tras constituirse en 1913.

Darío Cullen[26], de la parte académica; y Diego Costa[27], secretario-contador. El comienzo de la Academia sería el 11 de enero de 1880, fecha de la "solemne sesión inaugural de esta Academia" con la finalidad de tratar temas de interés sanitarios e invitar a médicos de otras ciudades e Islas a las reuniones. Por esa época, no solo se solventaban las cuestiones científicas, sino también las profesionales, pues hasta finalizado el siglo no se constituirán los Colegios profesionales.

Como señala el académico Pino Capote, de las sesiones literarias, las aperturas de curso y de algunos discursos de ingreso de los nuevos académicos, se puede entrever el devenir de los acontecimientos más relevantes del desarrollo de la asistencia sanitaria en las Islas, de las innovaciones médicas, de los problemas y padecimientos de diferentes épocas y de la influencia que ejercía la Academia ante las autoridades y la población en general.

De todo ello, se tiene conocimiento gracias a lo registrado en libros de actas y en las pocas revistas y periódicos existentes de esa época, que atestiguan el valor descriptivo y testimonial que constituye ese momento histórico[28].

La Academia Médico-Quirúrgica de Canarias prestó importantes servicios, inspirándose en las grandes necesidades higiénicas de nuestros pueblos, y señalar éstas a los particulares y a los gobiernos. Desde sus inicios asesoró a las autoridades locales en los problemas sanitarios

---

[26] Este importante médico ocupó otros cargos como la Presidencia del Gabinete Instructivo. Es uno de los médicos más antiguos que ejercieron la Medicina en Tenerife y fue titular de la Beneficencia domiciliaria. Subdelegado de Medicina desde que comenzó la epidemia del cólera en la década los noventa (siglo XIX). En el orden político, fue militante del Partido Republicano aspecto que le costó numerosas persecuciones y una deportación. Fue candidato a la Diputación y a Cortes, resultando elegido diputado provincial. También, ejerció como redactor-colaborador de varios periódicos del partido. Desempeñó el cargo de presidente de la Asamblea de la Cruz Roja y estaba en poder del grado de Comendador de la Orden de Isabel la Católica.

[27] Diego Costa fue nombrado subdelegado de Medicina del partido médico de Santa Cruz a finales de enero de 1898, por la Junta Provincial de Sanidad.

[28] PINO CAPOTE, J. A.: "La lección de la historia", en *Anales de la Real Academia de Medicina de Santa Cruz de Tenerife (1996-1997).* Real Academia de Medicina de Santa Cruz de Tenerife. 1998, p. 27.

y censurará las malas políticas sanitarias. Trazaban los planes para el control de epidemias, la construcción de hospitales, sanatorios u otras recomendaciones higiénicas a la población. Fue el único órgano de formación continuada para médicos y farmacéuticos, donde cada uno aportaba sus experiencias y resultados en los asuntos sanitarios, y se divulgaban las nuevas técnicas quirúrgicas[29].

Con independencia de los ceremoniales de la época, la aceptación e integración de los profesionales fue altísima, como demuestra el siguiente hecho: "Todos los médicos de la isla de Tenerife, excepto uno hasta ahora, que reside en un pueblo del norte, se han inscrito en la Academia Médico-Quirúrgica recientemente establecida en la Capital"[30]. Una de las primeras aportaciones la realizó su vicepresidente, doctor Víctor Pérez, con el trabajo sobre el "Sistema de aclimatación previa para evitar la fiebre amarilla o disminuir su intensidad", y que en unión de su maestro *Mr. Edmund Robin* se llevaba estudiando, desde 1849.

Siguiendo con lo señalado, se encargó una comisión que realizara un estudio e informe sobre el importante asunto de la aclimatación, para posterior discusión. Para el doctor Tomás Zerolo, "La Institución que acaba de constituirse ha dado principio a sus tareas ocupándose de un asunto digno de su elevada misión. Tratar entre nosotros de la aclimatación en Cuba es tanto como ganarse la consideración de toda la Provincia, que funda por esto grandes esperanzas en la Academia Médico-Quirúrgica"[31].

En abril de 1880, la Academia vuelve a reunirse para tratar varios asuntos: ingreso de académicos y comunicación sobre aguas minero-medicinales, para su debate y posterior traslado a la Alcaldía de la Capital. Asimismo, continúa con el asunto de la aclimatación de las gentes que viajaban a Cuba -soldados y emigrantes, principalmente- para evitar la fiebre amarilla o disminuir su intensidad, pues era una preocupación que había expuesto el doctor Víctor Pérez en la sesión anterior.

---

29 *Revista de Canarias*, nº 26, 23 de diciembre de 1879.

30 *El Memorandum*, nº 382, enero de 1880.

31 *Revista de Canarias*, nº 28, 23 de enero de 1880.

Al planteamiento inicial del doctor Pérez le replicó el doctor Lorenzo García del Castillo, estableciéndose un debate en el que participaron los doctores Eduardo Domínguez, Tomás Zerolo y Estarriol, pues no consideraban un "asunto de tal importancia" el expuesto por el higienista doctor Víctor Pérez. También se da a conocer un informe del farmacéutico Emilio Serra,[32] acerca de un elixir de fosfato ferroso-cálcico[33].

Señalar que el farmacéutico Emilio Serra por esta época se trasladó a Filipinas, donde impartió clases en la Universidad de Manila. De regreso a Tenerife se convirtió en un defensor a ultranza de los intereses de Tenerife. Fue propietario del periódico *El Liberal*, que se publicó de julio de 1891 a junio de 1898.

Durante una de las epidemias de cólera morbo que padeció Santa Cruz, la de 1892, formó con los doctores Guigou y Domínguez Alfonso un equipo médico-farmacéutico de protección sanitaria para el vecindario, suponiéndole un riesgo elevado para su salud. Se le conoce con el seudónimo periodístico *Doctor Centeno*, escribiendo numerosos artículos sobre esta epidemia[34].

En relación al arduo trabajo del doctor Víctor Pérez sobre la aclimatación, tendrá eco en otros lugares, pues algunos años después el periódico madrileño *El Imparcial* abogaba para que se utilizaran las Islas Canarias como sanatorio de aclimatación en las repatriaciones, basándose en lo mismo que señalaba este profesional tinerfeño. "El Estado ganaría también, porque los viajes de Cuba o Puerto Rico a las Canarias, y de éstas a la Península, después de un mes de estancia en ellas, sería más barato y sobre todo menos mortífero y angustioso que el viaje directo"[35], lo que acredita la importancia de los trabajos de la Academia.

---

[32] Emilio Serra y Fernández de Moratín, nació en Santa Cruz de Tenerife en 1854 y se licenció en Farmacia por la Universidad de Madrid en 1876. En 1879 alcanzó el grado de doctor.

[33] *El Popular*, 16 y 21 de abril de 1880.

[34] ARENCIBIA DE TORRES, J.: "Beneméritos médicos en el callejero de Santa Cruz", en *Diario de Avisos*, 18 de abril de 1999.

[35] *El Cronista de Tenerife*, nº 1.417, 12 de octubre de 1898.

También, durante estos años esta Corporación realizó un estudio sobre la primera gran epidemia de fiebre amarilla en Santa Cruz de Tenerife, presentado por los médicos Pedro Vergara y Ángel Izquierdo. Señalaban que "dicha epidemia reinó en Santa Cruz desde octubre de 1862 a marzo de 1863. Se observaba la falta de ventilación en los aposentos transmitiéndose en alguna casa húmeda y en las salas de enfermería del Hospital Militar, de malas condiciones higiénicas", siendo este el motivo del agravamiento de los enfermos desde el primer instante de su ingreso en el establecimiento sanitario[36].

Otro debate de gran importancia fue el desarrollado el 16 de enero de 1881, durante la sesión pública celebrada por la Academia en la Diputación Provincial, en la que el señor Sánchez Rivero "dio a conocerle un notable estudio médico-legal sobre "Las pasiones y la locura", en el que concluyó abogando por la creación de un manicomio en este archipiélago, y el deber de los facultativos para tratarla e intentar curarla"[37]. Otro asunto de interés general que les preocupaba era la carencia de higiene en la Capital y en el que "se señalaban las diferentes causas que más poderosamente influyen en la mala higiene de la población"[38].

Con independencia a la actividad académica, la Comisión de Higiene de la Academia comprometida con las ideas del higienismo, "recorrió las calles de la población santacrucera en un alarde de educación sanitaria, girando visitas a domicilios, recomendando el aumento de limpieza y aseo en el interior de las casas, así como prohibiendo la criazón de cerdos y otros animales en las mismas"[39]. Los frutos de esta Comisión de Higiene se verían reflejados algunos meses más tarde como se verá.

Por disposición del teniente de alcalde de Santa Cruz, don Francisco Delgado, se manifiesta que "ha desaparecido el foco de inmundicias que existía en el Barranco del Hierro, próximo al Lazareto de esta ciudad, que tan triste idea daba al servicio de higiene, que con tanto empeño se viene recomendando por la ilustrada Academia Médico-Qui-

36 *Revista de Canarias*, nº 38, 23 de junio de 1880.

37 *Revista de Canarias*, nº 52, 23 de enero de 1881; nº 61, de 8 de junio de 1881.

38 *El Memorandum*, 15 de enero de 1881; y *Revista de Canarias*, nº 52, 23 de enero de 1881.

39 *La Democracia*, 27 de julio de 1881.

rúrgica"[40]. Pero durante este año de 1881, el debate médico-social de mayor relevancia que ocuparán la atención de esta Institución será el establecimiento de un manicomio en Canarias.

En 1882, la Academia Médico-Quirúrgica continúa con las sesiones en la sede de la Diputación provincial. Durante una de ellas, el licenciado Antonio Soler desarrolló con lucimiento su tema sobre la "Importancia de la Higiene", haciendo hincapié sobre la prevención en Medicina, "cuya importancia y aplicación va aumentando a medida que la higiene avanza, porque es mucho mejor y más humanitario prevenir las enfermedades que curarlas"[41].

En abril de 1883, el doctor Eduardo Domínguez pronunció un discurso sobre la importancia de estas sociedades médicas como la Academia, que se componen de "individuos de una profesión determinada, que tienen por objeto, como es bien sabido, su ilustración recíproca ya comunicándose los conocimientos adquiridos por unos u otros, ya depurando por medio de la discusión las diversas teorías de la ciencia", y sus múltiples aplicaciones[42].

Un dato importante de cara a la divulgación médica fue la primera publicación periódica de este organismo, *La Salud*, que apareció en agosto de ese año. Se trata de una revista quincenal de "interés vital", según califica la prensa a este órgano divulgador de la Academia Médico-Quirúrgica de Canarias.

El periódico *La Democracia* señaló que "esta interesante revista, perfectamente impresa con caracteres elegantes y papel superior, viene a llenar un vacío que desde hace mucho tiempo se notaba en esta Provincia", que daba a conocer el aprovechamiento de ciertos aspectos naturales, como "las aguas medicinales que tanto abundan en el Archipiélago, la bondad de sus variadas temperaturas y otras mil

[40] *La Democracia*, 27 de noviembre de 1881.

[41] *Revista Canaria*, nº 78, 23 de febrero de 1882.

[42] VIZCAYA CARPENTER, A.: *Tipografía Canaria*. Instituto de Estudios Canarios. Santa Cruz de Tenerife. 1964, p. 256; y *La Ilustración de Canarias*, 15 de abril de 1883.

circunstancias médicas", que no debían permanecer ocultas para la generalidad.

Existe constancia de que en 1884 se habían publicado quince números de esta publicación, pues el periódico *La Democracia* recogía en sus páginas "hemos recibido el nº 15 de La Salud", que resaltaba el moralizante artículo sobre "El Carnaval", el cual reseñaba "con el vivo colorido de la verdad, las costumbres que desgraciadamente vienen desarrollándose en la juventud de este pueblo, y con el fin de que no sea desconocido de nuestros lectores...", reproducía los malos usos del espectáculo desde la óptica de la moral.

En 1884, el académico don Juan Febles Campos -personaje que veremos directamente implicado la construcción de este centro-, expuso "la urgente necesidad de construir un Manicomio para poder atender debidamente a los enfermos mentales", que estaban alojados de forma inhumana en unas dependencias del Hospital Civil[43]. Esta propuesta tardó en materializarse unos diez años, pues fue en 1894 cuando se iniciaron las primeras obras de este Centro sanitario.

El académico don Tomás Zerolo, en 1885, justifica con un interesante trabajo "las ventajísimas condiciones climatológicas de La Orotava y Vilaflor en esta Isla como estaciones sanitarias"[44]. Ese mismo año, la Academia acordó felicitar al doctor Jaime Ferrán y Anas, autor de un novedoso descubrimiento sobre la profilaxis del cólera (vacuna), enfermedad que azotaba a la humanidad por esa época, y a las Islas con especial saña. La Academia se dirige a quien considera "gloria médica de nuestra España" de la siguiente manera:

> *Esta Corporación señala que ha seguido con viva ansiedad los concienzudos trabajos de V. Acerca de las inoculaciones profilácticas del cólera indiano, ha acordado, en sesión del día 16 de junio, felicitar a V. Por la abnegación, perseverancia y hasta heroísmo con que a través de mil dificultades ha perseguido la solución del interesante problema que marcará*

[43] *La Democracia*, nº 265, de 11 marzo de 1884.

[44] *Ultima hora*, nº 18, 17 de enero de 1885. En esa edición, enfatizaba este periódico: *Hemos sido obsequiados con un ejemplar del discurso que nuestro distinguido amigo el licenciado en Medicina don Tomás Zerolo leyó...*

inolvidable época, no solo en la historia de la medicina sino en la historia de la humanidad.

Nunca tan portentosa conquista del saber hubiera manifestado toda su trascendencia como en las actuales y aflictivas circunstancias por que atraviesan las más bellas provincias de España, con motivo de la presente epidemia, cuyo único motivo son las elocuentes cifras de las estadísticas que V. Diariamente ofrece y que aseguran convertir en verdad práctica lo que hasta ayer pudiera considerarse como esperanza halagadora.

Le expresan también que sienten verdadera complacencia y le "rinden tributo de admiración", del que se hace acreedor al adelantarse con su genio y su trabajo a los conocimientos de la época, honrando a la clase médica a la que pertenece y prestar un elevado servicio a la humanidad[45].

Transformación en Academia de Medicina

En 1886, la Academia Médico-Quirúrgica de Canarias cambia su denominación por Academia de Medicina[46]. Sus relaciones con el exterior se van incrementando a lo largo esos años, pues se establecen relaciones con centros análogos como los cubanos y se nombran algunos académicos extranjeros. Tras la sesión de abril de 1887, se acuerda "expedir títulos de socios correspondientes a los reputados profesores médicos Sir Spencer Wells y Mr. Ernest Hart", que se encontraban prestando servicios en el *Sanatorium* de La Orotava.

La Academia comisionó a los facultativos Víctor Pérez y Manuel Pestano, residentes en el Puerto de la Cruz, para entregar a los interesados los referidos títulos y "que les saluden respetuosamente en nombre de la Academia"[47]. A finales de este año, se tiene constancia de que la Academia celebró sesión con objeto de renovar su Junta de

---

[45] *Ultima Hora*, nº 141, 4 de julio de 1885.

[46] En 1986 -cien años después de este acontecimiento-, la Academia tinerfeña ingresó en el Instituto de España como "academia asociada". También fue galardonada por el Ayuntamiento de Santa Cruz de Tenerife con la Medalla de Oro de la Ciudad.

[47] *Diario de Tenerife*, nº 135, 11 de abril de 1887.

Gobierno para el ejercicio siguiente, 1888, así como señalar el día de la sesión inaugural para ese año[48].

Por estas mismas fechas, la Real Academia de Medicina y Cirugía de Barcelona premió "...una memoria presentada por Tomás Zerolo en el concurso abierto por la misma con 750 pesetas en metálico y el título de socio corresponsal"[49]. Su trabajo sobre "Climatoterapia de la tuberculosis pulmonar en la Península, Baleares y Canarias", bajo el lema Ciencia, Humanidad y Patria, mereció el reconocimiento unánime de esta Institución otorgándole los galardones señalados, calificados como "recompensa en metálico y comunicación honrosa de la Academia"[50].

En 1889, la Academia de Medicina adopta acuerdos importantes e innovadores para la época, como tomar el siguiente acuerdo: que "su biblioteca particular, que hoy se custodia en la Secretaría, pase a formar parte de la Municipal, a fin de que pueda ser consultada con mayor facilidad por los señores académicos y por el público en general", pero manteniendo la Academia su propiedad, en iguales términos y condiciones que lo había hecho la Real Sociedad Económica de Amigos del País de Tenerife.

Un curioso anuncio destacaba por lo inusual, aparecía en la prensa en abril de 1899. Se trataba de unas píldoras que habían sido "aprobadas por la Academia de Medicina de París" y que eran "preferidas por los médicos por que veían en ellas un medicamento de una acción curativa excepcional". Se trataba de las *Píldoras Blancard*, compuestas por yoduro ferroso contra la anemia. Señalaba asimismo el anuncio la dirección postal donde se podían adquirir, en Francia[51].

El citado anuncio fue ampliamente comentado en la Academia, porque el control de la profesión médica y de la actividad sanitaria aún la ejercían ellos. Por tanto, entre esas atribuciones, la Academia será la que redacta la lista de medicamentos que han de venderse en farma-

48 *Diario de Tenerife*, nº 351, 29 de diciembre de 1887.

49 *Valle de La Orotava*, nº 23, 22 de febrero de 1888.

50 AMLO. Serie: Sanidad, caja nº 2; y *Diario de Tenerife*, nº 390, 16 de febrero de 1888.

51 *La Justicia*, nº 24, 20 de abril de 1899.

cias o fuera de ellas. Una Instrucción de Sanidad de 1904, indica que "la Real Academia de Medicina redactará una lista de las sustancias medicamentosas cuya venta ha de estar en absoluto prohibida fuera de las farmacias", y otra con las sustancias y materiales o preparados que, por su doble empleo, industrial y medicamentoso, y su acción inofensiva, puedan expenderse fuera de las farmacias[52].

La mencionada Instrucción, incorporaba además novedades como la de otorgar reglamentariamente a las academias o académicos, según el caso, una serie de facultades en lo concerniente a consultas, asesoramiento y control de la Sanidad española. Dentro de la denominación "organización consultiva" figuraba el siguiente texto:

> *Artículo 3. No obstante la organización consultiva, que comprende el Real Consejo, las Juntas provinciales y las Juntas municipales de Sanidad, podrá, además, el Gobierno, pedir informes de índole exclusivamente técnica la Real Academia de Medicina, a las Academias de distrito universitario y a cualesquiera otras autoridades profesionales o científicas, colectivas o individuales.*

Tal era la importancia de la Academia que, para el nombramiento de subdelegados de Sanidad, que lo hacían los gobernadores civiles, se tenían en cuenta "las siguientes condiciones y por el orden en que se enumeran: Académico, catedrático, doctor, licenciado, cruz de epidemias...". También, en lo que hoy se conoce como salud escolar, "Escuelas y establecimientos de enseñanza", tenía que informar sobre las "enfermedades escolares más frecuentes, ordinarias y transmisibles, sus causas principales, medios de propagación y síntomas primeros".

Para los "cementerios é inhumaciones" la Academia detallaba los procedimientos de operación y los líquidos y sustancias que debían emplearse en los embalsamamientos. Si descubría "algún nuevo procedimiento de conservación cadavérica con garantía suficiente" podía sustituir los procedimientos anteriores, previo el dictamen de ésta. Por último, el catálogo de "enfermedades infecciosas, contagiosas é infec-

---

52 Instrucción General de Sanidad. Real Decreto de 12 de enero de 1904. *Gacetas Oficiales* de Madrid, de 22 y 23 de enero de 1904.

to-contagiosas" en el que se establecía la declaración obligatoria, se realizaba según el informe de la Academia de Medicina[53].

En 1909, mediante Real Orden de 10 de diciembre, la Academia de Medicina se transforma en Real Academia de Medicina del Distrito de Santa Cruz de Tenerife, pero hasta 1911 no se aprueba el Reglamento que se basa en los de la Academia anterior, publicados en la *Gaceta de Madrid* el 26 de junio de ese mismo año[54].

Otro aspecto de interés, fueron las investigaciones desarrolladas durante los años 1909 y 1910 sobre Las Cañadas, por parte de los doctores alemanes *Hergesell* y *Paumwitz* y el austriaco *Von Scotter*. Éstos determinaron que "el clima de Las Cañadas era el más idóneo para la curación de la tuberculosis, cosa que los médicos de la localidad, como el doctor Zerolo, conocían por su experiencia profesional".

Es de suponer que estos debates se realizaban en el único foro adecuado al efecto: la Academia, ya que aún por estas fechas el Colegio de Médicos no realizaba esos debates. Algunos años más tarde, el Ayuntamiento de La Orotava haría las gestiones oportunas para la construcción del Sanatorio de las Cañadas, obra que no llegó a entrar en funcionamiento[55].

---

[53] GARCÍA GONZÁLEZ-POSADA, J.: *Antecedentes del sistema sanitario*, en *Regulación del Sistema Sanitario, Recopilación legislativa del Derecho Sanitario Español.* Fundación AstraZeneca. Madrid. 2004, pp. 30-33; y Real Decreto de 12 de enero de 1904. *Op. Cit.*

[54] PINO CAPOTE, J. A.: *Op. Cit*, p. 29.

[55] MÉNDEZ PÉREZ, T.: *Semblanzas del Teide.* Edirca, S.L. Las Palmas de Gran Canaria. 1985, pp. 140-141.

III.- Tránsito al siglo XX

Tenerife estrena centuria bajo la amenaza de la peste, pues desde algunos puertos peninsulares llegan noticias de algunos focos de esta enfermedad. Dadas sus continuas relaciones con el exterior, hace que se extremen las preocupaciones por el peligro de un nuevo contagio como el padecido en 1893. A partir de este momento, los profesionales de la Medicina alcanzan mayor importancia por sus actuaciones en la prevención sanitaria, mediante el asesoramiento a las autoridades y las recomendaciones médicas a los ciudadanos[56].

En 1896 nace una publicación importante: la *Revista Médica de Canarias*, cuya vida llega hasta 1935 y su primer director fue el doctor Veremundo Cabrera, del que hablaremos. De periodicidad mensual, tiene un extraordinario valor para los profesionales a que va dirigida, así como para la historia de la medicina canaria[57]. La población de la isla de Tenerife en 1900 era de 138.000 habitantes, correspondiéndoles a su capital, Santa Cruz, 38.400 habitantes del total reseñado[58].

Durante el discurso pronunciado por el doctor Diego Guigou durante la sesión extraordinaria celebrada por el Gabinete Instructivo, la noche del 26 de julio de 1900[59], comentó la necesidad de un hospital

---

[56] COLA BENÍTEZ, L.: *Santa Cruz, bandera amarilla: Epidemias y calamidades (1884–1910).* Ayuntamiento de Santa Cruz de Tenerife. Organismo Autónomo de Cultura. 1996, p. 235.

[57] GALÁN GAMERO, J.: *Historia del Periodismo Tinerfeño (1900 – 1931).* Aula de Cultura del Cabildo. Tenerife. 1997, p. 381.

[58] VV. AA.: *Población de Hecho de Canarias, según los censos oficiales de 1900 a 1981.* Centro de Estadística y Documentación de Canarias (CEDOC). Consejería de Economía y Comercio. Las Palmas de Gran Canaria. 1989.

[59] Tomado del discurso que aparece recogido en la Memoria de la Asociación Caritativa de la Infancia, editado en 1904. Algunos autores afirman que este discurso no fue realizado en la noche del 26 de julio sino varios días antes. Sin embargo, la prensa menciona esta fecha como la verdadera del citado discurso.

para niños, especialmente para los pobres y los que tenían pocos recursos económicos. En su opinión, los niños pobres cuando enfermaban se hallaban desprovistos de toda asistencia y, en muchos casos, hasta la misma Beneficencia domiciliaria se encontraba imposibilitada de prestárselo. Estos niños, precisamente aquellos cuyas madres han sabido cumplir con sus deberes, "se hallan en muchos casos desprovistos de todo auxilio".

De aquí su idea: el proyecto de crear un Hospital de Niños, pues afirmaba "que ninguna capital de la importancia que hoy tiene Santa Cruz, debe carecer de un centro" como el que proponía. "Deberán de ser gratuitos los servicios facultativos, y desde luego considero inútil indicar que así serán los míos, aunque poco valgan; pero es que además cuento con los de algún otro entusiasta compañero, y con los de entendidos practicantes que gustosos se ofrecen a prestarlos".

Con ello pretendía que no sólo se prestara un servicio de utilidad a la Isla, sino que además se enseñara a que los hijos aprendieran el concepto de la verdadera caridad "que ya he consignado en otras ocasiones, y que no estriba en arrojar el miserable octavo al pobre que tropezamos en la calle, sino en trabajar y en afanarnos por mejorar las condiciones de vida de aquellos que han tenido la desgracia de nacer en la indigencia".

Recordaba el doctor Guigou que la primera condición para instalar el hospital de niños era contar con un edificio para su instalación, donde los servicios de los facultativos deberían ser gratuitos. Las enfermeras serían las madres de los niños asilados y podrían ayudarse todas mutuamente. Se alternaban en el común servicio para que pudieran ir a ratos a sus casas a cumplir sus demás obligaciones, pero "bajo la dirección y vigilancia de dos o tres hermanas de la Caridad o Siervas de María, que vendrían a éste, con la misma razón que van a otros Hospitales"[60].

---

[60] Discurso pronunciado por Diego Guigou en la sesión extraordinaria celebrada por el Gabinete Instructivo en la noche del 26 de julio. *Diario de Tenerife*, 27 de julio de 1900, p. 2.

Los gastos, salvo la instalación primera, quedarían reducidos a la alimentación y medicamentos de los enfermos, cuyo número podría limitarse en un principio en quince o veinte pacientes. Para ello, opinaba que nada era más natural que los niños ricos, entendiendo por tales aquellos que no necesitan para sí el Hospital, los que obligaran a sustentarlo para los niños pobres, proponiendo que "cada familia que goce de una desahogada posición, suscribe a uno o más de sus hijos por la cuota mensual de dos o tres pesetas, la cual produciría, si llegan a reunir trescientas cuotas, una cantidad que permitiría la reposición del material".

Para sostener y reparar los naturales desperfectos del edificio, el Municipio se suscribiría con cien pesetas al mes, cantidad equivalente al sueldo de un empleado de inferior categoría. Para que la administración ofreciera garantías entre los asociados y el público en general, se nombraría una junta renovable en los plazos que se juzgaran convenientes. Con todo ello además de prestarse un servicio de utilidad a la población, "sino que se enseñaría a los hijos el concepto de la verdadera caridad, trabajar y mejorar las condiciones de vida de aquellos que han tenido la desgracia de nacer en la indigencia"[61].

La propuesta fue bien acogida por el presidente del Gabinete Instructivo y director del *Diario de Tenerife*, Patricio Estévanez Murphy[62], y por el secretario del Ayuntamiento de Santa Cruz, Ángel Crosa Costa. La Sociedad Económica de Amigos del País cedió un edificio por tiempo ilimitado en la calle de Santa Isabel, con la ayuda de entidades y donaciones de particulares.

Posteriormente se creó una Comisión presidida por Carmen Monteverde Cambreleng, que sería el germen de la Asociación Caritativa de la Infancia. Durante más de sesenta años, este Hospital de Niños

---

[61] *Op. Cit*, p. 3.

[62] Patricio Estévanez Murphy (1850-1926). Periodista e intelectual influyente en esa época. Fue fundador y director de los periódicos: *La Ilustración de Canarias* (1882-1884), de *Diario de Tenerife* (1886-1917) y la revista de arte y literatura *Artes y Letras* (1903), de ideología republicana federal implicándose en la dinámica social del momento. Su hermano menor, Nicolás, fue militar, político y ministro de la Guerra en la Primera República.

fue el único establecimiento hospitalario que permitió el ingreso de enfermos pediátricos graves de la isla de Tenerife.

Continuando con los asuntos sanitarios de la Real Orden de 13 de julio de 1901, consideraba grave el problema de la limpieza y procedió a la inspección de casas y ciudadelas, escuelas, mataderos, cementerios, lavaderos públicos, etc., y también de la Real Orden de 31 de octubre de ese mismo año, se disponía sobre la organización de estos servicios y la creación del Negociado de Sanidad interior, el alcalde dispuso la vacunación a domicilio entre la población, ya que la Junta Provincial de Sanidad acordó en sesión de 17 de enero de 1902 que los alcaldes municipales procedieran a la vacunación y revacunación en todos los pueblos.

Otro aspecto importante era la instalación de un laboratorio, puesto que su puesta en funcionamiento era importantísima. La mayoría de los comerciantes de la época vendían alimentos y bebidas en mal estado, causando graves enfermedades entre la población. Publicaciones de entonces difundían la utilización de rayos X[63], para el reconocimiento de los productos alimenticios. Se comentaba que según lo radiografiado se podía "observar las diferencias existentes entre la harina, el azúcar, los guisantes sin colorear y coloreados artificialmente, el azafrán artificial, el té natural y el que muestra coloración extraña, las carnes tuberculosas, etc."[64].

---

[63] Los rayos X, desconocidos hasta pocos años antes, recibían el nombre de "Rayos Roentgen" que es el nombre de su descubridor: Wilhelm Conrad Roentgen (1845-1923), y proporcionarían a la ciencia imágenes completamente nuevas del interior del organismo, que hasta entonces permanecían ocultas. Roentgen, catedrático de Física en Wurzburgo, hace este descubrimiento mientras estudia las propiedades de los rayos catódicos. Cuando conecta un tubo de rayos catódicos de Hittorf, observa que la pantalla que había recubierto de cristales de bario, platino y cianuro brilla con luz fluorescente, a pesar de haber tapado el tubo con un cartón de color negro. Esta fluorescencia aparece incluso a dos metros de distancia, donde no se ha podido demostrar que lleguen los rayos catódicos. Por ello Roentgen está seguro de haber descubierto algo nuevo: los rayos X, tal como los denomina él en su informe provisional: "Sobre un nuevo tipo de rayos", presentado el 28 de diciembre de 1895 en la Sociedad de Física y Medicina de Wurzburgo. VV.AA.: *Crónica de la Medicina.* Plaza y Janes Editores. Barcelona. 1995, pp. 343-345.

[64] *El Cronista de Tenerife*, 17 de febrero de 1903, p. 2.

A pesar de lo señalado, no existía un laboratorio municipal que pusiera de manifiesto el fraude de los comerciantes, que sólo pensaban en sacar beneficios con los alimentos y bebidas. Asimismo, desde el mes de julio de 1902 el Ayuntamiento de Las Palmas había acordado el establecimiento de un laboratorio de análisis químico para atajar en lo posible lo mencionado anteriormente[65].

El Ministerio de la Gobernación, en 1903, estableció, mediante Real Decreto, la obligatoriedad de la vacunación contra la viruela, que se desarrollaba a lo largo de treinta y tres artículos. Los médicos estaban obligados a practicar la vacunación gratuitamente. En los colegios, tanto oficiales como particulares, no serían admitidos los niños que no estuvieran vacunados. Los directores de dichos colegios satisfarían una multa de cincuenta a quinientas pesetas si ésta se contraviniera.

En cuanto a la entrada en los hospitales de variolosos (infectados de viruela), se prohibía completamente que fueran visitados por las familias y los enfermos no serían dados de alta, sin que previamente se les hubiera dado baños con disoluciones desinfectantes.

La edad en que se establecía como obligatoria la vacuna o revacunación era de dos a veinte años. Los médicos daban cuenta de los casos de viruela que se presentasen a las autoridades y obtendrían determinadas recompensas por los servicios que presten en caso de epidemia. Toda esta inquietud aumentará por la aparición en la Villa de El Paso, en la isla de La Palma, y la constante preocupación por la tisis o tuberculosis en el resto de las Islas, ya que los puertos canarios era un lugar de tránsito entre Europa y América, resultando una fuente permanente de contagio[66].

Regulación sanitaria estatal

A nivel del Estado, el avance socioeconómico experimentado durante el siglo XIX hizo necesario una regulación más intervencionista

[65] *Diario de Tenerife*, 7 de julio de 1902, p. 2.
[66] *Diario de Tenerife*, 2 de febrero de 1903, p. 2.

y detallada. Se promulgó la Instrucción General de Sanidad, aprobada por Real Decreto de 12 de enero de 1904. Fue muy importante, pues regulaba la Higiene municipal, la provincial y la Sanidad exterior, estableciéndose una medida fundamental en el ámbito de la atención sanitaria: impuso a los ayuntamientos la obligación de tener un médico titular y un practicante[67] por cada 300 familias indigentes, para la asistencia pública gratuita.

También, señala la norma, que aquellos municipios de más de 2.000 habitantes tendrán como mínimo una farmacia, con la cual contratará la provisión de medicamentos para los enfermos pobres. Asimismo, se obligó a los municipios de más de 2.000 habitantes a contratar un veterinario, quien se encargaría del reconocimiento de las carnes y animales destinados a la alimentación y del reconocimiento de los ganados importados y los informes y cuidados relativos a las epizootias[68].

El Hospital de Niños de Santa Cruz de Tenerife, que se había creado en 1900, por iniciativa del Dr. Guigou, se constituyó -tal y como se dijo- como una institución sin ánimo de lucro que prestase sus servicios de asistencia médica gratuita a los niños con pocos recursos económicos.

Según la idea originaria, comenzó funcionando con profesionales que prestaban sus servicios gratuitamente y con un grupo de voluntarios, ayudando también las madres de los niños ingresados en labores auxiliares. Los cuidados de enfermería serían desempeñados por religiosas de las siguientes congregaciones: las Siervas de María y las Hermanas de la Caridad de San Vicente de Paúl.

La mortalidad en los niños era un asunto que preocupaba a los médicos. A comienzos de ese mismo año, la cifra era aterradora en la capital y sin embargo las soluciones que proponía el ayuntamiento eran insuficientes. Por ello, los médicos municipales continuaban realizando inspecciones higiénicas a las ciudadelas y casas de viviendas

[67] Constituye lo que en sus inicios se llamó *Cuerpo de Asistencia Pública Domiciliaria* (APD).

[68] GARCÍA GONZÁLEZ-POSADA, J.: *Antecedentes del sistema sanitario*, en *Regulación del Sistema Sanitario*. Fundación AstraZeneca. Madrid. 2004, pp. 1-2.

de la ciudad, además de que se continuaran administrando vacunas en los barrios extremos de la población.

El miedo entre la población de esta época a una epidemia era latente. Una simple varicela en el barrio de San Andrés podía hacer llegar la noticia de que existía una epidemia de viruela. La población de Santa Cruz de Tenerife, en 1906, ya rebasaba los 41.000 habitantes[69].

Citar como referencia, el movimiento de población durante el mes de enero de 1907, en la capital, fue de sesenta y nueve nacimientos (varones treinta y cuatro, y hembras treinta y cinco), ochenta y una defunciones (fiebre tifoidea, ocho; gripe, una; tuberculosis, diez; sífilis, una; meningitis, cuatro; congestión, hemorragias y reblandecimiento cerebral, dos; enfermedades del corazón, ocho; neumonía, tres; otras enfermedades del aparato respiratorio, dos; afecciones del estómago, una; diarreas y enteritis, trece; cirrosis del hígado, una; debilidad congénita y vicios de conformación, dos; debilidad, cuatro; muertes violentas, una; otras enfermedades, diecisiete; y enfermedades desconocidas o mal definidas, dos)[70].

La mortalidad por cada mil habitantes es de 1,92 y la natalidad es de 1,64, lo que demuestra la mella que hacían en el equilibrio poblacional las diferentes enfermedades de la época. Veintiséis niños fueron asistidos durante el mes de enero y febrero en el Hospital de Niños, y de los treinta y ocho asistidos durante el mes de marzo, ninguno de ellos falleció y quedaron en tratamiento veintitrés pacientes.

Durante el mes de abril, el número de niños asistidos fue de cincuenta y en mayo de cuarenta y seis. Pero todavía continuaba la preocupación por una higiene adecuada para la ciudad y sus alrededores, para evitar el contagio y propagación de las enfermedades infecciosas.

---

[69] La población en estos últimos seis años sólo crece de los 38.400 habitantes -de principios de siglo- a 41.000 de ese momento. Mientras, en 1910, las cifras aumentarán considerablemente, pues el total de habitantes en la capital ascienden a 63.000. VV. AA. *Población de Hecho de Canarias... Op. Cit.*

[70] *Diario de Tenerife*, 14 de febrero de 1907, p. 2.

Los doctores Diego Guigou y Diego Costa[71] afirmaban que las islas eran un paraíso en las que se vivía en constante y estrecha relación con la naturaleza, en una primavera permanente bañada por un sol radiante. En el Archipiélago no debería de haber tuberculosis, "si las hay es porque venían muchas personas de todas partes del mundo a curarse o a morir en las islas", y constituyen una causa de contagio que no se combate; "porque el desarrollo de la población encarece los alimentos y hace la vida precaria", y las familias donde "se dan casos de tuberculosis no se toman precauciones" y en definitiva, "porque la higiene privada y pública es defectuosísima"[72].

El Registro Civil de Santa Cruz, según señala el *Diario de Tenerife*, indica que las inscripciones de muertes por tuberculosis superaban la de individuos extranjeros, "que aquí llegan demasiado tarde, en busca de salud". Y aún hay que descontar que en esas estadísticas destacan muchas meningitis catalogadas como tuberculosis, pues clínicamente era casi imposible diferenciar la meningitis tuberculosa de las determinadas por otras infecciones, y todas o casi todas "reciben el mismo epíteto de tuberculosis". Afirmaba que no era una enfermedad propia del país y se presentaba a pesar de la carencia de higiene.

El problema de la tuberculosis debía mirarse y combatirse desde tres puntos de vista, según el citado periódico:

---

[71] El doctor Diego Guigou es la referencia como médico del Hospitalito de Niños; mientras, el doctor Diego Costa lo fue durante muchos años del Hospital Nuestra Señora de los Desamparados, conocido también como Hospital Civil. Ese año Diego Guigou publicó el libro titulado: *Los niños canarios. Ensayo de Higiene Regional Infantil. Consagrado especialmente a las madres de familia*, con un prólogo del doctor Eduardo Domínguez Alfonso. Describe las características de la edad infantil y sus enfermedades, demostrando así su preocupación por los niños. Es un volumen de 269 páginas con dos gráficos y una cubierta en colores. A lo largo de sus capítulos se estudian temas como: Salud y desarrollo de la primera infancia. Exageradas y erróneas ideas. Discusión. Conclusiones. Dientes. Clasificación, número y orden de aparición. Dentición normal, prematura, retardada, regular, irregular y difícil. Perniciosas prácticas y el chupón. Este libro será elogiado años más tarde por el ilustre médico Ángel Fernández, presidente de la Sociedad Española de Higiene, como un gran instrumento contra la ignorancia y la rutina de las madres.

[72] *Diario de Tenerife*, 25 de mayo de 1907.

> *Primero, evitar el contagio de propios y extraños; segundo, combatir directamente al enfermo tuberculoso con un dispensario que el doctor Romero propone crear, para el que le sobra ciencia para dirigirlo, y constancia y tenacidad para organizarlo; y tercero, higiene general por la que tanto se ha luchado y por la que se seguirá luchando*[73].

Los doctores Romero y Zamora proponían una campaña en contra de la enfermedad y la creación de un dispensario antituberculoso con todos los adelantos modernos y dotados de todo el material necesario para su funcionamiento. El doctor Juan Rodríguez Ballester asistió en 1908 al Congreso Internacional contra la Tuberculosis, que se celebraba en Zaragoza, para gestionar que el siguiente congreso se desarrollara en la isla de Tenerife, debido a sus buenas condiciones para la recuperación de los enfermos.

En septiembre fondeó en el Puerto de la Cruz el vapor Oceanía, que conducía la expedición alemana científica que venía a conocer el clima de las Islas. Celebraron una conferencia en el Hotel Humboldt, donde trataron el ventajoso clima de las islas para la curación de la tuberculosis. Entre los miembros participantes en el encuentro científico, destacaron los doctores extranjeros *Leyden*, *Strümpell*, *Oliven*, *Glax* y *Bassenge*; y los tinerfeños Domínguez Alfonso, Guigou, Zerolo y Víctor Pérez.

Durante su discurso, el doctor *Strümpell* se señalaron los estudios realizados por la Comisión durante su permanencia en las islas y la recomendación de crear sanatorios en Tenerife, con la finalidad de combatir la enfermedad[74].

Uno de los médicos que apoyaba la idea de que en Tenerife, concretamente en la villa de La Orotava, era un lugar idóneo por excelencia, fue el doctor *Ernest Abraham Hart*, director del *British Medical Journal* desde 1886 a 1898. Igualmente, una publicación del médico tinerfeño

---

73 *Op. Cit.*

74 Desde la segunda mitad del siglo XVIII los ingleses iniciaron los llamados viajes de salud, pues pensaban que lo mejor para recuperarse de las enfermedades eran las aguas termales. En el siglo XIX empezaron a destacar las islas del Atlántico, Madeira y Canarias, por el buen clima durante gran parte del año. ORY AJAMIL y GONZÁLEZ LEMUS: *Op. Cit*, pp. 16-18.

Víctor Pérez afirmaba que el valle de La Orotava era el lugar más indicado para la recuperación de los enfermos extranjeros, sobre todo de enfermedades bronquiales y tisis pulmonar.

En 1887, el citado médico londinense *Ernest Abraham* vino acompañado del célebre doctor *Thomas Spencer Wells*, y narraron lo beneficioso que era el clima de la isla de Tenerife, pues en septiembre de 1886 ya había abierto sus puertas en el Puerto de la Orotava, el Orotava Gran Hotel de dos plantas y veinte dormitorios para huéspedes y comedores[75].

Las medidas sanitarias

Estas medidas adoptadas al final de la primera década del nuevo siglo serán más extremas, pues se crearon comisiones de visitas domiciliarias[76]. Estos frecuentaban los barrios para atender la limpieza, la retirada de basura, el alejamiento de animales de la población, y la vigilancia de la higiene general.

De igual forma, se procedió a la limpieza de barrancos como el de Santos, el que desemboca en la playa del Cabo y el de Los Llanos, saneando también las aguas de suministro de los barrios del Toscal, los Lavaderos y Cabo Llanos. Se contó para esta labor no sólo con los medios humanos señalados, sino con materiales como los desinfectantes que importaron del extranjero[77].

En 1909 por Real Orden de primero de enero, fueron nombrados Joaquín Estarriol y Quintana[78], José Aceituno[79] y Enrique Richardson

[75] *Op. Cit.*

[76] Normalmente estas comisiones las integraban unos auxiliares de guardias municipales y personal encargado de la desinfección, que fueron nombrados por el Ayuntamiento y dependían de las concejalías responsables de la higiene pública. COLA BENÍTEZ, L.: *Op. Cit*, p. 237.

[77] AMSCT. Serie: Sanidad, caja nº 525/37.

[78] En 1898, se le confirmó en el cargo en propiedad como director de Sanidad Marítima de Santa Cruz de Tenerife, con el haber anual de tres mil pesetas.

[79] En 1902 ya había tomado posesión del cargo de médico de visita de la Inspección Sanitaria de Tenerife. También, ofrecía consultas gratuitas para los pobres en su consulta ubicada en la Plaza de la Constitución.

como director médico, médico segundo y secretario intérprete de la estación sanitaria del puerto de Santa Cruz de Tenerife. Al mismo tiempo que se designó facultativo de Santa Cruz de La Palma a José Pérez Gómez, lo que acredita una evolución de la implantación de la sanidad oficial en las Islas[80].

En 1910, algunas instituciones como el Ateneo Tinerfeño, preocupado por la situación sanitaria en la Isla, se ofrecían conferencias médicas con cierta regularidad. Destacaron, entre otras, la impartida por el doctor Pedro Ruiz Arteaga sobre "Vacuna y viruela", en el local social de la Sociedad de Carpinteros de Ribera y Calafates. Se ofreció allí porque todo lo relacionado con esta enfermedad era una preocupación, que aún se mantenía latente en la mente de la población.

También, a pesar de que la mortalidad infantil disminuía considerablemente, el Ayuntamiento de la Capital aumentaba las medidas de higiene y salubridad para combatir las enfermedades infecciosas. Las entrevistas que se realizaban en los medios de comunicación era uno de los instrumentos elegidos por las instituciones. El doctor Costa apoyaba la idea de la higiene, mientras que el doctor Naveiras[81] relataba la serie de abusos, descuidos y torpezas que se cometían contra la higiene.

El popular médico José Naveiras estuvo encargado ya en una ocasión de la inspección higiénica como funcionario del municipio, y recordaba sobre el riesgo de contagio que ofrecían las ciudadelas, los pozos negros, la pescadería, el carromato de la carne y las carnicerías, lo que demuestra la importancia de vigilar y aplicar las normas mínimas sobre la higiene pública. También, por esos días, se produjo una alarma sobre una posible epidemia de viruela, resultando ser una simple varicela a pesar de los fallecimientos que produjo.

Otra preocupación latente, en la población de las Islas, la provocaron las noticias llegadas durante el año 1910, sobre las terribles epidemias de

[80] *Diario de Tenerife*, 27 de enero de 1909.

[81] Por estas fechas había sido nombrado José Naveiras inspector de Sanidad municipal, y el doctor Florencio Porpeta y Llorente inspector médico de servicio, a las inmediatas órdenes del inspector general de Sanidad interior.

peste y cólera que se habían desatado en China y Rusia, que produjeron una elevada mortalidad entre sus habitantes. El miedo provenía porque a través de los puertos se extendiera a España y sus territorios insulares.

En *La Gaceta Oficial* se publicó una Real Orden de Gobernación prohibiendo hasta nueva orden la importación por puertos y fronteras, de una serie de géneros procedentes de puntos en los que se padeciera el cólera:

> *...a no ser que se encuentre ante la autoridad sanitaria que fueron expedidos cinco días antes, por lo menos, de la aparición de la epidemia. Los géneros más importantes que se citaban en la norma eran toda clase de ropas y vestidos usados, los paquetes o líos de ropas y efectos pertenecientes a los soldados o marineros que falleciesen, así como los andrajos, trapos viejos, alfombras, bordados y esteras usadas, exceptuando los trapos comprimidos que se transportan como mercancías al por mayor en fardos embalados*[82].

También publicó el diario oficial, reproducido en el medio tinerfeño, en relación a las epidemias citadas, demostrando con ello la preocupación existente entre las autoridades, la circular de la inspección general de Sanidad exterior a los directores de las estaciones sanitarias:

> *...los directores de los puertos a los que lleguen barcos con patente limpia, procedentes de Rusia o Italia, exijan a los viajeros que desembarquen la justificación del punto de su primitiva procedencia, para conocer que no vienen de localidad infestada, o que hace más de cinco días salieron de ella, y en el caso de no probar suficientemente su verdadero origen, puedan ser estimados como sospechosos, se desinfecten sus equipajes y se provea la correspondiente patente de sanidad en la forma que dispone el reglamento de Sanidad exterior vigente, sin causarles retraso en su viaje*[83].

[82] *Diario de Tenerife*, 7 de septiembre de 1910.
[83] *Op. Cit.*

IV.- Las enfermedades más frecuentes entre 1880 y 1910

Como ya se ha descrito, las Islas Canarias al ser muelle de recalada en las rutas transoceánicas, padeció diferentes enfermedades que eran traídas desde los distintos puertos y ciudades continentales a través de los barcos. El buen clima del Archipiélago también sirvió de refugio y acogida, para que muchos ciudadanos europeos enfermos vinieran en busca de la mejoría de sus padeceres, fundamentalmente mediante las curas de luz y por la benignidad de las temperaturas.

Muchas de las epidemias, originadas en naves con ínfimas condiciones sanitarias, se debían a las aguas transportadas en barriles al no existir las cisternas y que esto servía de cobijo y reproducción de mosquitos, además de ser el medio adecuado de cultivo de bacterias patógenas.

Así, ratas infectadas bajadas por las gúmenas de los barcos, que llevaban en sus hediondas pelambreras parásitos infectados; marinos, con enfermedades contraídas en desahogos sexuales, descargaban el lastre de sus enfermedades venéreas; militares y ricos comerciantes que tomaban casa y servicio, en temporadas de recuperación, infectando a los canarios con sus enfermedades pulmonares, expectoradas sobre gentes ignorantes e indefensas ante tales atropellos de bacilos desconocidos[84].

A continuación, se destacan las patologías más frecuentes.

[84] GONZÁLEZ GONZÁLEZ, E.: *San Telmo, ¡contra viento y marea!, El médico en Santa Cruz a finales de los novecientos.* Majuelos. Santa Cruz. 1990, p. 35.

El cólera

Las epidemias de cólera *(cólera índico, cólera morbo, tifus azul)*[85] que padeció Tenerife durante el siglo XIX reflejan lo que sucedía en otras partes del mundo. En Santa Cruz, las autoridades, los profesionales sanitarios, la sociedad se unen para combatir la epidemia, apartando a los enfermos, evitando el contagio y aplicando las medidas higiénico-sanitarias de que disponían, pues los medios científicos eran escasos y sólo se contaba con el sacrificio, el buen hacer y la abnegación de los profesionales médicos tinerfeños.

Durante este siglo la capital tinerfeña sufrió varias epidemias de cólera, concretamente durante 1810-1811, 1846, 1862 y 1893. Esta última fue la peor, pues fallecieron unas 2.500 personas. Para la epidemia de 1810, cuyo contagio lo ocasionaron los enfermos y productos contaminados que trajeron los barcos que venían de Cádiz, se hizo necesaria la construcción del cementerio de San Rafael y de San Roque, siendo el número de fallecidos de 1.450.

Mientras, la de 1846 fue mucho menos mortífera ya que sólo causó 387 muertes. Sin embargo, la desatada en 1862, transmitida al igual que la anterior por personas y productos que trajeron los vapores procedentes de La Habana, se prolongó algo más de un año y causó la muerte a 540 personas. Fallecieron, en el cumplimiento de su misión, los doctores Bartolomé Saurín y Miguel Blanco[86].

Con respecto a la epidemia de 1893, que fue la más mortífera de todas, el portador del cólera morbo fue el barco italiano El Remo, que al

---

[85] El cólera es una enfermedad infecciosa aguda, causada por el *Vibrio cholerae* o *Vibrio comma*, endémica de oriente, peligrosa y, en ocasiones, epidémica. El proceso es contagioso a partir de las deyecciones de los enfermos y portadores de gérmenes que contaminan las aguas y alimentos que produce un cuadro clínico cuya característica fundamental son las deposiciones diarreicas extraordinariamente numerosas, vómitos violentísimos y deshidratación. Actualmente continúa siendo un problema sanitario de difícil solución. FARRERAS-ROZMAN: *Medicina Interna*, Tomo II. Editorial Elservier España, S.A. Madrid. 2004, p. 948.

[86] GONZÁLEZ GONZÁLEZ, E.: *Op. Cit*, p. 36.

llegar el día 29 de septiembre con "patente sucia"[87] fue despachado para el Lazareto y quedó fondeado frente al barrio de Los Llanos, convenientemente aislado y vigilado, pero al ser localizado por los cambulloneros realizaron sus compras e intercambios a bordo. Las mercancías infectadas trasmitieron la enfermedad, desatándose una pavorosa epidemia que se extendió rápidamente y alcanzó centenares de hogares.

El día 11 de octubre se dieron los primeros casos y a los pocos días se había expandido por toda la ciudad, siendo los barrios afectados: El Cabo, Los Llanos, El Toscal, San Andrés y también otras partes de la Isla. El vecindario se volcó junto a médicos y autoridades y se echó a la calle para colaborar con las medidas que las autoridades iban dictando, integrando las comisiones sanitarias y de socorro a los enfermos, trasladándolos a los hospitales de aislamiento, desinfectando casas, ciudadelas, calles y barrancos.

La alarma cundió en las otras Islas, que se incomunicaron con Santa Cruz de forma inmediata. También, sucedió lo mismo con muchos pueblos de Tenerife, por lo que desde el Ayuntamiento capitalino se solicitó al gobernador que prohibiera ese acordonamiento pues se desabastecía la ciudad. Algunos vecinos del municipio de Güímar llegaron a construir una pared de piedra junto a la carretera para aislarse de los transeúntes, pero de nada sirvió pues la enfermedad había sido contraída ya por habitantes de ese pueblo, además de otros como Arona y Vilaflor.

Destacable la labor realizada por el médico Juan Bethencourt Alfonso[88], que estuvo durante toda la epidemia prestando en solitario sus servicios en Arona, Vilaflor, La Zarza y otros lugares del sur de

[87] <<Patente sucia>>, denominación que se le asignaba a los buques que provenían de puertos sucios o sospechosos de guardar cuarentena.

[88] Juan Bethencourt Alfonso (San Miguel de Abona, 1847-Santa Cruz de Tenerife, 1913). Médico tinerfeño e importante historiador, faceta por la que más se le conoce. Escribió varios tomos sobre la *Historia del Pueblo Guanche*, resultando unos de los textos más destacados sobre la historia aborigen del momento. Fundo y fue su primer director del Gabinete Científico de Santa Cruz de Tenerife, que más tarde se incluiría en el Museo Arqueológico de Santa Cruz de Tenerife. Publicó numerosos trabajos sobre tradiciones y costumbres en la prestigiosa *Revista de Canarias*, trabajos que en la actualidad han sido criticados por historiadores locales.

la Isla, sin ayuda alguna de las autoridades y sin medios materiales. Tuvo que llegar el mes de diciembre para que el nuevo gobernador civil, médico de profesión, le remitiera una partida de desinfectantes y algún dinero[89].

Acordonado y aislado Santa Cruz se nombraron comisiones de Sanidad, Subsistencias y Beneficencia, cuya actuación resultó decisiva los primeros momentos. De inmediato, comenzó a funcionar una cocina económica en la ermita de San Telmo y otra en la calle del Pilar, en la que suministraban caldo y otros alimentos básicos.

El Ayuntamiento habilitó un presupuesto extraordinario para atender las medidas de saneamiento de la población. Una vez que iba remitiendo la epidemia en Santa Cruz, continuaba en San Andrés. Allí se desplazó una comisión médica con medicamentos y víveres para seguir luchando contra la enfermedad.

La instalación de hospitales provisionales motivó que se descongestionaran los establecimientos sanitarios, por lo que se instaló una en el Lazareto[90] y otro en San Sebastián, este último por parte de las autoridades militares. La labor de los médicos fue ingente, a pesar de los pocos medios con que contaban. Todos se multiplicaron en atender los establecimientos sanitarios que tenían a su cargo, en intervenir en casos puntuales, impartir cuidados médicos, así como visitas domiciliarias, destacándose los doctores Diego Costa, Juan Febles, Diego Guigou, Angel Izquierdo y Eduardo Domínguez Alfonso[91].

En 1894, superado este terrible capítulo de la historia tinerfeña, continuaba el peligro en otros lugares de España y de Europa. Por esa época se confirmaba en Alicante y en Italia la presencia de cólera, declarándose las procedencias por vía marítima de aquellas ciudades como

---

[89] COLA BENÍTEZ, L.: *Op. Cit*, p. 211.

[90] El lazareto era un lugar aislado, donde existía una instalación sanitaria para tratar las enfermedades infecto-contagiosas, como la lepra o la tuberculosis, para una vez curados regresar a la sociedad. También se utilizaba para que los marineros pasaran una cuarentena, si se sospechaba que tenían alguna enfermedad contagiosa o provenían de algún puerto en la que se hubiera declarado alguna de esas enfermedades.

[91] *Op. Cit*, p. 214.

"sucias". Por este motivo, en Santa Cruz de Tenerife se establecieron las medidas sanitarias básicas por si aparecía algún cuadro clínico[92].

El gobernador civil envió circular a los diferentes municipios de la provincia, recomendando las disposiciones que había adoptado la Junta Municipal de Santa Cruz de Tenerife, con el fin de prevenir las causas que pudieran favorecer el desarrollo del cólera.

En el caso de La Laguna y sus pueblos colindantes, se estableció que, si fuera necesario, se instalara un asilo u hospital provisional en la ermita de San Juan, para aislarlos en ese lugar más alejado de la población. También, acordó la corporación municipal de esta ciudad que "en el caso poco probable de que el cólera morbo invada este territorio, o que se presente en alguna de las localidades limítrofes" que se estableciera el cordón sanitario así como las medidas higiénico-sanitarias oportunas, "para impedir el contagio de nuestros pueblos". Los regidores municipales aprovecharon la ocasión para solicitar fondos al "Gobierno y la Excma. Diputación", pues manifiestan que no disponen de partida presupuestaria alguna para esas calamidades públicas[93].

Esta enfermedad en otros lugares del Planeta adquiría caracteres dramáticos ocasionando numerosas víctimas. Tal es el caso de la ciudad de Nápoles, que en dos días fallecieron unas 1.700 personas. Por tal motivo y dadas las relaciones marítimas que se tenían con aquel país, la Junta de Sanidad de Santa Cruz se reunió para tomar "nuevas medidas encaminadas a preservarnos de que tan terrible epidemia nos pueda visitar".

La citada Junta, consideró además que los recursos con que contaba el municipio no eran lo suficientes, para suplir los gastos que pudiera ocasionar una nueva epidemia de cólera, por lo que "ha tenido a bien acordar abrir una suscripción pública con el mencionado objeto"[94].

En 1894, la reina Regente doña María Cristina concedió a la ciudad de Santa Cruz de Tenerife el título de "Muy Benéfica", junto con la Cruz de Primera Clase de la Orden Civil de Beneficencia, que desde

---

92 *El Propagandista*, nº6, 6 de septiembre de 1884. La Laguna.

93 AMLL. Serie: Sanidad, sección segunda, S-V (2).

94 *El Eco de Santa Cruz de La Palma*, nº9, 8 de septiembre de 1884.

esa fecha ostenta con orgullo, en recompensa por el comportamiento ciudadano, la solidaridad y abnegación en su lucha contra la epidemia del año anterior.

En años sucesivos no se bajaba la guardia ante el temor a nuevos brotes de cólera. La Junta provincial de Sanidad, en 1885, acordó informar al Gobernador civil sobre la conveniencia de imponer "cuarentena de observación" a los buques procedentes de la Península que arribaran al puerto de Santa Cruz aunque no tengan novedad a bordo, "...en atención al incremento que va tomando la epidemia colérica en algunos provincias de España".

Para poder cumplir esta disposición, la propia Junta indicó la necesidad de que la expresada cuarentena "se hiciera a bordo de uno de los buques fondeado en nuestra bahía, para lo cual sería trasladado al punto más conveniente y seguro para esta clase de saneamiento"[95].

Asimismo, por parte de las autoridades locales se realizaban las medidas sanitarias encaminadas a preservar la higiene, tales como las fumigaciones de cloro, la desinfección de ciudadelas, accesorios y focos de insalubridad "que tan frecuentes son entre nosotros, pero que en la época presente, es necesario que a toda costa se haga desaparecer".

Insistían los responsables municipales, que "todos los esfuerzos de las autoridades serán insuficientes si los vecinos no colaboran con la ventilación y saneamiento de sus respectivas habitaciones", recomendando no acumular basuras, ni sustancias orgánicas, que pudieran viciar el aire en determinados lugares públicos y privados[96].

En agosto de ese año sucedió un acontecimiento que no deja de ser paradójico. Sanidad había impuesto –según una disposición del Gobierno– tres días de observación al buque El Vulcano, que llegaba procedente de Cádiz y que venían el capitán general de Canarias, José Chinchilla y Díaz de Oñate, y el nuevo gobernador civil, Sr. Zamora Caballero. Pues bien, el capitán general rehusó aceptar esta medida

[95] *Última Hora*, nº129, 19 de junio de 1885. Santa Cruz de Tenerife.

[96] *Op. Cit.*

contestando al director de Sanidad que "traía órdenes terminantes del Gobierno para entrar".

Por el contrario, el gobernador civil manifestó acatar la observación impuesta por la dirección de Sanidad. Sin embargo, como recoge la prensa de la época, "...pero éstos no hicieron caso y saltaron a tierra y no esperaron"[97]. Este detalle muestra hasta qué punto se podían incumplir las estrictas normas sanitarias impuestas por las autoridades, ante enfermedades tan contagiosas como el cólera.

Como no se podía bajar la guardia, en 1889 se crearon unos fondos con algunos miles de reales para posibles epidemias de cólera, pero en estos momentos esa suma "se ha reclamado para atender a las obras de edificación de la parte destruida por el horroroso incendio que dejó sin albergue" a tantos asilados en el Hospital de Nuestra Señora de los Desamparados, en Santa Cruz de Tenerife. El temor a la enfermedad era, principalmente, por las noticias procedentes de la península en las que se hablaba de la presencia de esta patología en numerosas poblaciones del levante español: Valencia y Alicante, principalmente[98].

En 1893, nuevamente aparecen casos de cólera morbo. En esta ocasión será la ciudad de La Laguna donde surgen los primeros enfermos que pondrán en zozobra a la población de la Isla. De igual forma existen casos de personas infectadas en Santa Cruz y otros pueblos de la Isla (El Rosario, Barranco Grande, Taco, La Cuesta, Santa María de Gracia, Las Mercedes, Tejina, Guamasa...), prolongándose la enfermedad unos tres meses.

Se dispuso de inmediato, por parte de la autoridad gubernativa, que cesasen las clases en el Instituto provincial, la Escuela Normal Superior y en el Seminario Conciliar. También se tomó el acuerdo de suspensión de clases en las escuelas públicas de la ciudad y sus pagos.

Pero las medidas preventivas fueron más lejos, pues se estableció que "por motivo de las circunstancias por las que atravesamos y dado que por ellas es sumamente perjudicial la reunión de personas en gran

[97] *El Propagandista*, nº11, 21 de agosto de 1885.
[98] *El Reformista*, números 11 y 17; 22 de mayo y 7 de julio de 1890.

número, creemos convenientísimo que se suspendan, hasta que la salud pública se restablezca, los ejercicios quincenales que en la Plaza de San Francisco practica el Batallón de reserva" de la ciudad de La Laguna.

También, el Ayuntamiento de Las Palmas ofreció al de La Laguna recursos para "aliviar las desventuras ocasionadas entre los pobres por la enfermedad colérica". Desde La Laguna expresaron su agradecimiento, aceptando el ofrecimiento sólo para el caso de que la epidemia alcanzara proporciones "que esperemos no llegue alcanzar"[99].

Asimismo, se establece en esta ciudad el hospital de coléricos de San Juan bajo la dirección de don Francisco Millares, destacándose el "gran orden, aseo y esmerado servicio, observándose con satisfacción que nada falta de los enseres necesarios para el fin a que el local se destina deben existir, y hasta el presente, la Junta popular de que es digno presidente el Sr. Fernando Torres", que había hecho frente a los gastos ocasionados por la terrible enfermedad con las suscripciones públicas realizadas por éste y que regularmente se venían publicando en los periódicos.

Finalmente, a principios de 1894, la epidemia que por espacio de tres meses "ha venido amenazando a la Isla tocó ya a su término. La vecina capital de Santa Cruz asistió al solemne Te-Deum". Reflexionando sobre la epidemia, los responsables sanitarios en un principio tuvieron dificultad para que se declarara oficialmente la enfermedad, siendo "la causa principal de que la tan temida enfermedad se propagase por los campos, pues se decía a los pobres campesinos que en la capital no había mal alguno".

También, se criticaba "la guerra que contra los dignísimos médicos se hizo públicamente al anticipar la ceremonia del Te-Deum", pues éstos advertían que con la concurrencia de muchas personas sin haberse extinguido la enfermedad y estar el medio sometido "a las influencias de una atmósfera epidémica", se podría reproducir o recrudecer la enfermedad. De igual forma, se apuntaba a la vigilancia del muelle,

---

[99] AMLL. Serie: Sanidad, sección segunda, S-V (2); y *El Adelantado*, nº9, 8 de diciembre de 1893.

porque debido al aumento del número de "barcos de todas clases, se aumenta el peligro para la salud pública"[100].

Durante los años venideros la enfermedad del cólera remite hasta 1910, en que nuevamente reaparece ésta y se teme que se extienda a través de sus puertos al resto de la población canaria, debido a la magnitud que iba alcanzando en otras partes del mundo.

En *La Gaceta Oficial* se publicó una Real Orden de Gobernación, que se reproduce en *El Diario de Tenerife*, por la que se prohíbe "hasta nueva orden la importación por puertos y fronteras de los siguientes géneros procedentes de puntos en los que se padeciera el cólera", salvo que se encontrara depositado ante la autoridad sanitaria, que fueron expedidos cinco días antes de la aparición de la epidemia. Los géneros prohibidos son los citados a continuación:

> *1º Ropa blanca, toda clase de ropas y vestidos usados (...)*
>
> *2º Los paquetes o líos de ropas y efectos pertenecientes a los soldados o marineros que falleciesen, así como los andrajos, trapos viejos, alfombras, bordados y esteras usadas, exceptuando los trapos comprimidos que se transportan como mercancías, al por mayor, en fardos embalados.*
>
> *3º Después de admitidos estos fardos de trapos comprimidos, no se permitirá su levante de los muebles hasta que, habiendo dado conocimiento al gobernador civil de las capitales de provincia, o al alcalde de otras poblaciones, dicten estas autoridades las disposiciones oportunas.*[101]

También se publicó en el periódico oficial la siguiente circular que la Inspección General de Sanidad Exterior dirigió a los directores de las estaciones sanitarias. "Es necesario que los directores de los puertos a los que lleguen barcos con patente limpia o incluidos en el grupo C, procedentes de Rusia o Italia, exijan a los viajeros que desembarquen la justificación del punto de su primitiva procedencia", para poder conocer que no vienen de localidad infestada, o que hace más de cinco días salieron de ella.

---

[100] *El Adelantado*, números 11 y 12; de 24 y 30 de diciembre de 1893; y nº14, de 19 de enero de 1894.

[101] *Diario de Tenerife*, 7 de septiembre de 1910.

En el caso de no probar suficientemente su verdadero origen, y que, a juicio de la autoridad sanitaria, puedan ser estimados como sospechosos, "se desinfecten sus equipajes y se provea la correspondiente patente de sanidad en la forma y para los fines que dispone el reglamento de Sanidad exterior vigente, sin causarles retraso en su viaje"[102].

La viruela

La viruela *(viruela major* y *viruela minor)*[103] es una enfermedad infecciosa siendo la más contagiosa de las eruptivas y denominada en este grupo como "enfermedad pestilente"[104], fue una enfermedad que afectó a las Islas, en mayor o menor intensidad, a finales del siglo XIX. En 1881, las autoridades no le dan importancia "al hecho de admitirse un buque con patente sucia, aunque sea por viruela, habiendo órdenes superiores prohibiéndolo".

A las pocas horas de producirse este acontecimiento, ese buque fue sometido a observación en el puerto capitalino a pesar de haberse quebrantado las órdenes. Medidas como la presente favorecerán el contagio y propagación de esta enfermedad en la Isla[105]. No obstante, hasta algunos años más tarde esta enfermedad no adquiere el carácter de epidemia.

En 1887, la epidemia de viruela se generaliza en toda España[106]. En el ámbito insular, desde diciembre de ese año en el Valle de La Orotava aparecieron algunos enfermos de viruela aumentando en 1888.

---

102 *Op. Cit.*

103 La viruela es una enfermedad infecciosa producida por el virus variólico. Muy contagiosa y que ha desaparecido de casi todos los países civilizados, pero en otros tiempos se constituyó en una de las plagas más temibles causando numerosas víctimas. Existen dos formas: la clásica o *viruela major*, con manifestaciones graves y mortalidad entre el diez y el treinta por ciento, y la *alastrim o viruela minor*, que es mucho más benigna que la anterior, y una mortalidad más reducida, del 0,1 y 0,3%. FARRERAS-ROZMAN: *Op. Cit*, p. 852.

104 PIMULIER, F.: *Op. Cit*, p. 1.776.

105 *La Democracia*, nº30, 8 de junio de 1881.

106 *Diario de Tenerife*, nº 327, 30 de noviembre de 1887.

Durante el primer trimestre de ese año, veinticinco personas habían padecido la enfermedad, falleciendo siete de ellos.

Esta enfermedad variolosa aún no había llegado a revestir el carácter de epidemia por esa fecha, pues teniendo en cuenta el censo de población que era entre once y doce mil personas y "sólo existe un niño de cinco meses con viruela discreta de pronóstico favorable en el Hospital de La Orotava, y una enferma que ingresó con viruela benigna, que está convaleciendo y próxima a ser dada de alta"[107].

Aun así, en 1895 existe constancia de que continuaban apareciendo algunos casos en este lugar, pues según la comunicación que realiza el doctor Carlos Igualada a la Sanidad provincial, el día 13 de septiembre de ese año, manifiesta que todavía "existen dos casos de viruela en niños"[108].

También, en otras poblaciones remite la enfermedad, como en "el pago de La Esperanza, donde se habían presentado algunos casos de viruela, sólo hay actualmente dos enfermos de este mal"[109]. Sin embargo en otros municipios las cosas son diferentes.

El alcalde de La Victoria publicó un bando "por el que prohibía bajo multa de 10 pesetas a los vecinos de La Victoria que fuesen a Santa Ursula y viceversa ante la epidemia de viruela que había en Santa Úrsula...". De igual forma, la enfermedad se irá incrementando en Cádiz, por lo que es conveniente que "teniéndose en cuenta las frecuentes comunicaciones que existen entre aquélla ciudad y esta Capital, se adopten algunas medidas para evitar se propague entre nosotros la temible enfermedad"[110].

Durante 1888, en La Laguna aparecen nuevos casos de viruela, instalándose un hospital provisional en la ermita de San Diego, para atender sólo a los enfermos contagiados de esta patología. Para contener el desarrollo de esta enfermedad, la Comisión provincial había acordado ad-

[107] *Valle de La Orotava*, nº 26, 22 de marzo de 1888. La Orotava.
[108] AMLO. Serie: Sanidad, caja nº 3.
[109] *Las Canarias*, nº 10, 13 de marzo de 1888.
[110] *Las Canarias*, nº 17 y 49, 18 de abril y 28 de septiembre de 1888.

vertir al director del Hospital de La Laguna que "la cantidad librada de 500 pesetas por este Cuerpo era para contener el desarrollo de la viruela, la ponga a disposición de la Junta de vecinos para poner el Hospital en estado de recibir enfermos", recordándole a su vez que de esta cantidad tenía que destinar cien pesetas para cubrir gastos de medicamentos[111].

Años después, en 1890, en Gran Canaria aparecen casos de viruela. Comentaba un periódico de Las Palmas que "desde hace 20 días se declaró la viruela en el pueblo de Tejeda, en el barrio de la Higuerilla se encuentra propagada la enfermedad, así como en el barrio de El Roque, temiéndose su expansión". Era preocupante en Tenerife el desarrollo de la enfermedad en la vecina isla, por importarse almendras de aquellos pueblos, lo que venía aumentar la preocupación y el riesgo en la Isla de propagarse la viruela[112].

En enero de 1898, la enfermedad se recrudeció en Santa Cruz de la Palma debido a la falta de higiene y limpieza. Cuatro meses más tarde, se encontraban adelantados los trabajos para la fundación de un hospital de sangre. En octubre el gobernador civil se dirigió al alcalde de Los Llanos de Aridane, para que tomara medidas por el aumento de los casos de viruela y su rápida propagación, señalándole que recomiende extremar la higiene y aplicar la vacunación como medidas preventivas más inmediatas.

Mientras, en Santa Cruz de Tenerife, el Ayuntamiento mandó recoger informes para que posteriormente fueran transmitidos a la Comisión de Hacienda y ser incluidos en el presupuesto para la creación de un laboratorio químico municipal. La creación de este laboratorio era una demanda de toda la población, ya que se pedía la creación de una Farmacia municipal y su laboratorio.

Para intentar prevenir esta enfermedad infecciosa, los médicos le recomendaban a la población -mediante la prensa- que fueran a vacunarse, sobre todo los niños, y que se realizara por médicos y no

---

[111] AMLL. Serie: Sanidad, sección segunda, S-v (2); *Diario de Tenerife*, nº 396, 23 de febrero de 1888; y *Las Noticias*, nº 1.574, 1 de marzo de 1888.

[112] *El Reformista*, nº 27, 23 de septiembre de 1890.

por profanos que solían causar más daños que beneficios cuando realizaban esta práctica. Se administraban vacunas gratis en las Casas Consistoriales de Santa Cruz Tenerife; en la clínica del doctor Manuel Cabrera, ubicada en la calle de Santa Rosalía; y en el consultorio del practicante José Arado Canal[113], en la calle de La Luz[114].

En Gran Canaria, el gobernador remitió un telegrama al Delegado del Gobierno negando el aumento de los casos de viruela entre la población. Afirmaba que sólo existían entre trece y quince casos porque se continuaba la vacunación a domicilio. Pero esta enfermedad continuará preocupando al año siguiente a los responsables de la Sanidad y a la población ante el riesgo de propagación.

En La Palma se dio "en el puerto de Tazacorte, ciudad de Los Llanos y Garafía", debido a la activa comunicación marítima de sus puertos. También la Cruz Roja se ofreció para ayudar a la población palmera e intentar erradicar la enfermedad, adoptando cuantas medidas higiénicas fueran necesarias[115].

En las céntricas calles de Las Palmas continuaba extendiéndose. Las ropas de los enfermos se lavaban en las acequias públicas, la maquinaria desinfectante no funcionaba y la higiene no abundaba por las calles y casas. Como consecuencia de ello, hacía que la enfermedad continuara extendiéndose por la Isla, lo que producía una honda preocupación para la población y pedían al alcalde que adoptara prontas y enérgicas disposiciones para evitarla.

En abril, hacía ocho meses que había hecho aparición la enfermedad y todavía no había sido combatida. También, en Guía se habían dado casos de esta epidemia, así como en Lanzarote, por lo que se pedía desde Las Palmas a la primera autoridad civil y la Junta Provincial

---

113 José Arado Canal (1846-1907), Practicante en Medicina y significado masón. Célebre en esta institución por ser junto a otros dos masones los que compraron, por algo más de veinte mil duros, un solar en S/C. de Tenerife para construir la sede de un templo masónico para la Logia Añaza. DE PAZ SÁNCHEZ, M. *Historia de la Francmasonería en Canarias*, Tomo II, p. 98, 2008.

114 *Diario de Tenerife*, 26 de septiembre de 1898, p. 2.

115 *Diario de Tenerife*, 11 de octubre de 1898, p. 2.

de Sanidad, que tomaran medidas para poner remedio a ese mal que afectaba a las Islas, en su conjunto[116].

La Alcaldía de Santa Cruz continuaba preocupada por la viruela y su propagación, administrando vacuna gratis especialmente entre la población infantil. Mientras tanto en el Hospital Militar seguían ingresando nuevos casos de prófugos atacados de viruela, al igual que numerosos civiles ingresaban en el Lazareto afectados de esta enfermedad. El alcalde, Juan Martí y Dehesa, mandaba al médico municipal a visitar el valle del Bufadero, para llevar a cabo una inspección higiénica y distribuir ejemplares con las instrucciones sanitarias dictadas por el director general de Sanidad, Sr. Cortezo[117].

Mientras, en el barrio de San Andrés, seguían muriendo personas por la viruela. La población demandaba que los Ayuntamientos se debían de ocupar de las tareas de desinfección, el saneamiento y limpieza de las calles y casas, de la inspección de los alimentos destinados al consumo público, y la desecación de las charcas cuyas emanaciones han sido y son siempre perjudiciales[118].

En octubre, en sesión plenaria del Ayuntamiento de Santa Cruz de Tenerife, se acordó cerrar el Hospital provisional de viruela instalado en Las Cruces, debido al estado satisfactorio que se encontraban los enfermos existentes en el Barrio del Bufadero[119].

A comienzos del siglo XX y aunque casi no había enfermos variolosos, la preocupación de la población ante la epidemia de viruela continuaba, exigían a los ayuntamientos de Canarias que abandonaran sus actitudes pasivas y pusieran en práctica las reformas necesarias, tanto en limpieza como en saneamiento entre sus gentes, para mantenerse vigilante ante esta enfermedad epidémica que tantas muertes había ocasionado en el entorno.

---

116 *Diario de Tenerife*, 7 de julio de 1898, p. 2.

117 *El Cronista de Tenerife*, 19 de julio de 1899, p. 3; 13 de septiembre de 1899, p. 2; y 27 de octubre de 1899, p. 3.

118 *Diario de Tenerife*, 27 de junio de 1899, p. 2.

119 AMSCT. Serie: Sanidad, caja nº 525/37.

Fiebre amarilla

La fiebre amarilla[120] es una enfermedad infecciosa extremadamente peligrosa, endémica de amplias zonas comprendidas entre los paralelos 30° y 40° Norte y Sur, pero que en ocasiones se han generado epidemias en el sur de Europa. La transmisión se debe a los mosquitos *Aedes aegypti* y *Haemagogus*, según se trate de la forma urbana o selvática. Los primeros casos de fiebre amarilla que revistieron importancia en Santa Cruz de Tenerife se refieren a la epidemia padecida entre octubre de 1862 y marzo de 1863, siendo los autores del trabajo investigador y divulgador los doctores Pedro Vergara y Ángel Izquierdo[121].

Algunos años más tarde, se conoce por el informe emitido por la Junta Provincial de Sanidad en agosto de 1882, por el que se comunica a los directores del ramo de los diferentes puertos del Archipiélago, de la existencia de fiebre amarilla en algunos puertos extranjeros que mantienen tráfico marítimo con las Islas.

Por tanto, se adoptan las medidas sanitarias autorizadas por la legislación para prevenir en el Archipiélago la enfermedad, acordándose también que "deben despedirse para lazareto sucio todos los buques que lleguen a los puertos de esta provincia de procedencia sospechosa y por lo tanto sujetos a una observación de tres días". Sin embargo, los que "con patente limpia provengan de cualquiera de los puntos sospechosos" tenían también que someterse al periodo de observación[122].

En 1885, Santa Cruz vivía expectante ante las epidemias de cólera que se habían declarado en ciudades portuarias como Valencia o Cádiz, pues ello provocaba una psicosis de contagio. Las autoridades locales aumentaron las medidas de prevención habilitando un lazareto flotante. No obstante, existen datos de que por esta época se padecieron fiebres

[120] Cuyo agente causal de la enfermedad es un virus RNA (Acido Ribonucleico), según Finlay que lo descubrió. La enfermedad tiene su localización principal en el hígado, que es lesionado de modo extraordinariamente grave. PIMULIER, F.: *Op. Cit*, p. 883.

[121] *Revista de Canarias*, n° 38, junio de 1880; y BUSTO Y BLANCO, F.: *Topografía Médica de las Islas Canarias.* La Andalucía. Sevilla. 1864.

[122] *El Memorandum*, n° 574, 25 de agosto de 1882. Santa Cruz de Tenerife.

tifoideas[123] o infecciosas en las proximidades de la Capital, probablemente por la mala calidad de las aguas potables. Las zonas más afectadas fueron Igueste de San Andrés y el Valle del Bufadero, retrasando este brote la construcción del canal de aguas de Roque Bermejo a Santa Cruz.

Las medidas extremas sobre el control de aguas y alimentos no se hicieron esperar, sobre todo en Santa Cruz. El criterio sanitario con que se tomaban estas medidas no deja de sorprender, así como el espíritu que dominaba en la beneficencia, pues cuando la Comisión de Abastos realizó un control sobre la leche para el consumo ciudadano detectó que unos treinta litros no eran aptos por contener agua y los decomisó[124].

A finales del año 1888 nuevamente surge la alarma en Tenerife, al descubrirse algunos casos de fiebre amarilla en Santa Cruz de La Palma[125]. En aquella Isla las autoridades recaban la colaboración de los vecinos para impedir el desembarco clandestino, así como "que los alcaldes de los pueblos vecinos ejerzan una inspección constante y organicen rondas de vecinos".

Mientras, en Santa Cruz de Tenerife, los médicos municipales Bullen, Dugour y Hernández, tras celebrar varias reuniones, proponen al alcalde capitalino las medidas de higiene pública que deben adoptarse con carácter inmediato para el saneamiento de la ciudad, evitándose con ello posibles contagios. Entre las diferentes medidas, se encuentran: confeccionar un padrón especial de casas y personas, que deben estar sujetas a vigilancia facultativa; dotar una sala especial para estos

---

[123] La fiebre tifoidea o tifus abdominal es una enfermedad infecciosa epidémica, producida por la *Eberthella o Salmonella typhosa.* La infección se produce, la mayoría de las veces, por ingerir el germen causante a través del tubo digestivo mediante ingestas de alimentos o aguas contaminados. Produce fiebre alta, vómitos y diarreas, pudiendo ocasionar la muerte en muchas ocasiones. FARRERAS-ROZMAN: *Op. Cit*, p. 913.

[124] COLA BENÍTEZ, L.: *Op. Cit*, p. 204.

[125] La fiebre amarilla en la isla de La Palma la trajo un buque procedente de Cuba. Uno de los primeros infectados por esta enfermedad fue el facultativo titular del Hospital de aquella ciudad palmera, don Juan-José Martín, quien una vez recobró la salud se puso al frente del mencionado Centro para atender al resto de afectados. *El Memorandum*, nº 1.030, 25 de diciembre de 1888.

enfermos en el Hospital de los Desamparados; redactar un proyecto de reglamento con medidas higiénicas, entre otras[126].

En enero de 1889, según relata el periódico *Las Canarias*, la fiebre amarilla parece que finaliza:

> *...toca a su término en la isla de La Palma. La disminución del mal se debe en gran parte, según informes verídicos que tenemos, a la conducta de D. Germán Pérez, Aurelio Tuells y otro cuyo nombre sentimos no conocer, que, con toda abnegación y desinterés, siguen dedicados en vista del abandono de las autoridades locales, hacer desaparecer los focos de infección, a fumigar las casas, limpiarlas, asistir a los enfermos.*

Informaba también de las otras tareas poco gratificantes, como enterrar a los muertos, quemar las ropas usadas en la enfermedad y "practicar por sí cuanto pudiera hacer por un hijo el padre más cariñoso". Con ello se demuestra que la colaboración ciudadana hizo su efecto, pero no sucedió lo mismo con las autoridades municipales[127].

Pústulas malignas

La pústula maligna o carbunco cutáneo[128] es una infección común al hombre y algunos animales, particularmente de los vacunos y ovinos, que se puede transmitir éstos al hombre. Es, por tanto, una *antropozoonosis.* Afecta especialmente a ciertos profesionales como agricultores, pastores, matarifes, curtidores de pieles, peleteros, etc., que se encuentran permanentemente expuestos al riesgo del contagio. Los gérmenes causantes de esta enfermedad se encuentran en la pus (exudado

---

[126] *El Memorandum. Op. Cit.*

[127] *Las Canarias*, números 59 y 61, del 18 y 28 de noviembre de 1888; nº 65, 18 de diciembre de 1888; y nº 68, 3 de enero de 1889.

[128] Enfermedad infecciosa producida por el *bacillus anthracis.* Se adquiere por vía respiratoria, digestiva o por la piel, de aquí que se distinga una forma cutánea del carbunco. El pronóstico en el carbunco cutáneo es bueno, aunque peor en la pústula maligna. La mortalidad del carbunco intestinal y pulmonar es muy elevada. PIMULIER, F.: *Op. Cit*, p. 284

purulento) de las lesiones cutáneas, esputos y heces lo que hace muy contagiosa la enfermedad[129].

En 1899, el doctor Agustín Pisaca informó que los casos existentes en Tenerife provenían de un contagio procedente en la isla de El Hierro, en la que se padecía la enfermedad conocida como *pústulas malignas*, en la que fallece el 80% de las personas que la padecían.

El facultativo marchó a la Isla por orden del gobernador civil, para que emitiera un informe sobre la sanidad y la higiene. El doctor recomendaba que se enviasen médicos, practicantes, medicamentos, etc., de las que allí se carecían. Afirmó que la enfermedad que se sufría en la isla era de los carbuncales en el ganado, y que las personas atacadas lo habían sido por intoxicación.

Prohibió la venta de carnes muertas y dispuso que se sacrificaran los animales atacados del mal, quemándolos y enterrando las cenizas. También, afirmó que la viruela había desaparecido por completo días antes de haber llegado a la Isla, y que el cementerio de El Pinar se hallaba en mal estado y era indispensable que se construyera otro nuevo.

Como consecuencia de este informe, la Junta Provincial de Sanidad tomó medidas enérgicas y dotó a la isla de los recursos necesarios para evitar su propagación. Se impidió la exportación de toda clase de animales y sus despojos, y se confirmó el tratamiento médico dispuesto por el doctor Pisaca[130].

La peste bubónica

La peste bubónica[131] es una enfermedad infecciosa extremadamente peligrosa, existían desde hacía mucho tiempo focos endémicos, que

---

129 FARRERAS-ROZMAN: *Op. Cit*, p. 947.

130 *La Justicia*, 3 agosto de 1899, p. 3; y *El Cronista de Tenerife*, 21 julio de 1899, p. 3.

131 La peste bubónica es una enfermedad infecciosa producida por el bacilo pestoso o *Pasteurella pestis*. Este agente causa hemorragias muy frecuentes en los animales. Las fuentes de contagio son las personas enfermas de peste, las ratas y otros roedores, y la intervención de la pulga en la rata que al pasar al hombre puede infectar a numerosas personas. También, la inhalación de las heces desecadas de pulga y los esputos de los

eran los lugares donde se originan las epidemias producidas por esa patología.

En el caso que afecta a las Islas Canarias, la enfermedad provenía de los puertos de las ciudades europeas, que transmitían el contagio a las islas por el comercio marítimo. Fundamentalmente, esta enfermedad se adquiere por la picadura de la pulga, que previamente se había infectado en ratas o en otros agentes causales.

En 1897 y como en el caso de lo sucedido con el cólera de 1893, cuyo portador fue un barco que extendió rápidamente la enfermedad por Tenerife, la situación preocupará enormemente a las autoridades responsables de la Junta local de Sanidad tinerfeña, por la relación marítima y comercial de Santa Cruz. Por ello, se reunirán para prevenir esta enfermedad y evitar su propagación una serie de profesionales implicados en la materia. En dicha reunión, celebrada en el Círculo Mercantil, había representantes de la Medicina, Comercio, Industria y la Prensa[132].

Algunos días después y reunidos diferentes profesionales médicos, con la finalidad de atajar el problema, el doctor Juan Bethencourt manifestó la situación antihigiénica que se encontraba la población y los doctores Ruiz Arteaga y Diego Guigou[133] expusieron la necesidad de cuidar la limpieza y la higiene en las casas del vecindario, verificando todos los trabajos de desinfección, así como la colocación de las cañerías de agua con arquetas metálicas, para impedir que la población realizara operaciones sucias en contra de la salud pública.

---

enfermos pueden transmitir el proceso. Se conoce como peste bubónica o ganglionar la que produce en el organismo del hombre infectado una gran inflamación de los ganglios linfáticos que posteriormente pueden supurar y ulcerarse. FARRERAS-ROZMAN: *Op. Cit*, p. 935

132 *Diario de Tenerife*, 5 de marzo de 1897.

133 Diego Guigou Costa, en enero de 1898 fue nombrado por el alcalde Pedro Schwart Matos médico interino de la Beneficencia domiciliaria, hasta que se cubriera en propiedad la plaza vacante -que había ocupado el doctor Darío Cullen Sánchez- dotada en el presupuesto anual de 1.500 pesetas. Un mes más tarde, fue nombrado médico suplente de la Dirección de Sanidad Marítima del puerto, y posteriormente inspector de la provincia y subdelegado de Medicina. Un año más tarde fue presidente de gobierno de la Sociedad la X.

En la citada reunión, celebrada en esta ocasión en el salón de actos del Ayuntamiento, se constituyó en sesión permanente la Junta de Salud Pública, y comenzaron a publicarse noticias de la enfermedad y su propagación en todos los medios de comunicación de la Isla; como instrumento necesario para evitarla la enfermedad, difundiendo siempre el mismo mensaje: higiene y la vacunación preventiva[134].

En 1899 volvía a renacer el temor a la peste bubónica, por lo que las autoridades insistían sobre la necesidad de mantener las medidas higiénicas en casas y centros de trabajo. La Alcaldía publicó un bando recordando la prohibición de lavar ropa en el barranco de Santos y verter las aguas sucias, procediéndose al mismo tiempo a la limpieza de charcas. Se organizaron en colaboración con la Cruz Roja visitas para el saneamiento domiciliario y se buscó un local para instalar un hospital de campaña, por si esta terrible enfermedad volvía a invadir la ciudad.

Varios médicos celebraron una reunión en el Círculo Mercantil -Juan Bethencourt, Diego Guigou, Pedro Ruiz, Ernesto Castro, entre otros- para recomendarle al ayuntamiento que adoptara las medidas encaminadas para exterminar las ratas en la mayor cantidad posible, por la importancia que tenían en la transmisión de la enfermedad[135].

Iniciado el siglo XX Santa Cruz continúa vigilante ante la amenaza de la peste, pues en tierras peninsulares se encontraba presente en diferentes lugares. La alarma surge por la aparición de numerosas ratas muertas en las cercanías del muelle y desembocadura de barrancos que hace pensar la posible existencia de la peste.

Pero en 1906, con la aparición de varios casos de *"tifus petequial"*[136] y con el fallecimiento de varios individuos se generó cierto grado de confusión y pánico. A partir de este momento, se constituyen comi-

---

[134] COLA BENÍTEZ, L.: *Op. Cit,* p. 228.

[135] *Op. Cit,* p. 229.

[136] El tifus es una enfermedad infecciosa epidémica cuya frecuencia, merced al progreso de las condiciones higiénicas, ha disminuido mucho en los países civilizados. Su agente patógeno es la *Eberthella* o *Salmonella typhosa,* y fue descubierto por *Karl Eberth* (1880) en los ganglios mesentéricos y en el bazo de los enfermos fallecidos de fiebre tifoidea. FARRERAS-ROZMAN: *Op. Cit,* p. 914.

siones de visitas domiciliarias que recorrerá los barrios para atender la limpieza y la higiene de las calles, barrancos, playas y se retiraron basuras y animales domésticos de la población.

Mientras, en La Laguna y en Las Palmas se aseguraba que la enfermedad que padecía Santa Cruz no era tifus sino peste bubónica, por lo que pretendían aislar totalmente la ciudad para evitar el contagio. Se vivieron momentos de gran tensión en las islas, como el vivido en el muelle de Las Palmas cuando llegó procedente de Tenerife el vapor León y Castillo, que fue recibido por una multitud armada de palos, piedras y revólveres, que impidieron el atraque del barco. Ante estos hechos de tensiones e incertidumbres, Madrid comisionó al médico Luis Comenge[137] para que se desplazara a Tenerife, estudiara la situación e informara sobre la situación de la epidemia[138].

El informe del doctor Comenge no pudo ser más demoledor, pues señalaba que en un principio la situación *"había sido cercana a lo caótico"*, pues se carecía de servicios sanitarios y defensas eficientes. Luego, con el aislamiento de los enfermos, la utilización de la cal y del ácido fénico como desinfectante, la destrucción de las ropas y enseres de los afectados y la destrucción mediante el fuego de un grupo de viviendas del barranco de Santos, la situación sanitaria se fue normalizando. También, recomendó este médico la adopción de ciertas medidas higiénicas sobre la red de suministro de aguas, las fuentes públicas y la construcción de viviendas para los menos favorecidos.

Este conflicto tuvo resonancia internacional, pues el periódico *New York Herald*, en su edición de París, en un artículo titulado "Disturbios en las Islas Canarias" comentaba sobre la enfermedad que padecía Santa Cruz de Tenerife y que en Las Palmas se decía que era peste bubónica. Ante esto, el gobernador civil instó al doctor Comenge que se

137 Luis Comenge y Ferrer (1854 – 1912). Este médico de origen barcelonés está considerado como uno de los principales higienistas de fin de siglo, pues desde los inicios de su carrera profesional mostró gran interés por el desarrollo de las medidas higiénico-sanitarias, como una de las mejores armas para combatir las graves epidemias del siglo XIX. RIERA PALMERO, J.: <<La medicina española de fin de siglo>>, en revista *El Médico*, nº 683, 1998.

138 COLA BENÍTEZ, L.: *Op. Cit*, pp. 235-249.

manifestara sobre la viabilidad de aislamiento o acordonamiento sanitario, respondiéndole este médico que "¿quién puede acordonar e incomunicar las ratas, pulgas y moscas, conductoras de las enfermedades?".

Dejaba entrever el facultativo que, estando la situación epidemiológica controlada, el aislamiento de ciudades podría condenarlas al hambre y la miseria. La enfermedad había atacado a ochenta y dos personas, de las que fallecieron cinco. A pesar de los pocos afectados, la población tardó meses en recuperarse del daño moral y psicológico[139].

La tuberculosis

La tuberculosis pulmonar[140] o tisis, será otra enfermedad que va a preocupar enormemente a las autoridades, facultativos y población de la época, por lo cual las autoridades sanitarias aportarán información entre los sectores de riesgo para evitarla. Las condiciones climáticas hicieron que Tenerife fuera un lugar de atención en Europa para la curación de la tuberculosis, pues a sus puertos era fácil llegar al ser un lugar de paso entre Europa y América. Para ello y dada la carencia de medicación, con la higiene y dentro de ésta -la aplicación terapéutica del clima- será una de las mejores medidas preventivas y curativas.

En 1886, con la apertura del *Sanatorium Orotava Grand Hotel* se inicia la llegada de viajeros afectados de enfermedades respiratorias: *"enfermos de pecho"* como se denominaban en la época, para beneficiarse del clima y aliviar sus dolencias. Unos años antes, el médico Víctor Pérez había defendido en la Academia la instalación de estos

---

139 *Op. Cit*, p. 242.

140 Enfermedad infecciosa específica empleada para denominar la enfermedad producida por el bacilo de Koch (*Myscobacterium tuberculosis*) de tipo humano, bovino y aviario, cuyo nombre se introdujo en 1834 por Schoenlein. La tuberculosis pulmonar es conocida también como tisis galopante o florida. Puede afectar a cualquier tejido u órgano del cuerpo, siendo los pulmones y las articulaciones los lugares más comúnmente atacados. En el caso de la tuberculosis pulmonar, la infección se produce por la aspiración de gotitas de saliva expulsadas por la tos que contienen secreciones bronquiales o pulmonares con el bacilo. Se encuentra entre las enfermedades que causan una elevada mortalidad. Su frecuencia de infección está en función del sexo y la edad, así la mujer contrae la infección algo más tardíamente que el hombre. PIMULIER, F.: *Op. Cit*, p. 1.717.

centros en las Islas, frente a la construcción de estaciones médicas en Mogador y Tanger[141].

Ya, en 1889, consta la llegada a Tenerife de un famoso fotógrafo inglés, *George Grahan*[142], hijo único de familia acaudalada, que vino para restablecerse de su enfermedad pulmonar. Señala que "Al llegar al Puerto de Santa Cruz los viajeros teníamos que permanecer en el barco, fondeado en la bahía, hasta que fuéramos interrogados por el oficial de salud, quien subía a bordo para hacernos algunas preguntas mientras nos rellenaba la patente de sanidad", pues sin ese documento no les permitían desembarcar a los viajeros. De ahí se trasladó a La Orotava, donde se instaló en el Hotel Hespérides[143].

Otro motivo de preocupación en la población canaria fue el retorno a las Islas de los emigrantes procedentes de Cuba, enfermos de tuberculosis. Tal es el caso del buque Conde Wifredo, procedente de La Habana, que fondeó en el puerto de Santa Cruz de Tenerife. La prensa señalaba: "dejaron de existir durante los quince días que duró la travesía, dos infelices atacados de tuberculosis pulmonar".

Algunos años después, el representante en el Congreso de la República de Cuba, por la provincia de Pinar del Río, doctor José María Collantes, presentó una proposición de ley por la cual solicitaba que se concediera un crédito anual de cinco mil pesos, destinados al sostenimiento -por cuenta de ese Estado- de veinte camas en el Hospital Civil de Santa Cruz de Tenerife.

Esta proposición de ley cubana tendía a aliviar la situación, en extremo difícil, de los canarios que se encontraban en Cuba atacados de tuberculosis, los cuales en su inmensa mayoría carecían de recursos

141 ORY AJAMIL, F., y GONZÁLEZ LEMUS, N.: *Op. Cit*, pp. 17-18.

142 *George Grahan Toler* (Londres, 1850-Puerto de la Cruz, 1929). Tras residir en Tenerife para restablecerse de sus problemas de salud pulmonar, contrajo matrimonio con la joven aristócrata de La Orotava María del Carmen Monteverde y Lugo, que al ser católica tuvo que renegar a su anterior confesión protestante y bautizarse antes de casarse. Vino a la isla influenciado por la lectura de la <<Guía para Forasteros>>, de *Alfred Samler Brown*, que hablaba de lugares idóneos para sanar las enfermedades respiratorias.

143 Ledesma Alonso, J. M.: <<Tenerife, lugar idóneo para recobrar la salud pulmonar>>, crónica en el periódico *El Día*, 17 de marzo de 2024, p. 15.

para curarse, estando además imposibilitados para regresar a su Patria, por la situación de sus dolencias y dificultad económica[144].

Esto era un consuelo para los canario-cubanos, pero los ciudadanos de las Islas no pensaban igual. Según el relato del doctor Collantes, "para nosotros, no pasaba de ser una intranquilidad más, una amenaza constante de horror y muerte. Era necesario protestar enérgicamente, por parte de las autoridades y elementos directores del país, de que las islas no se convirtieran en un vertedero de los enfermos de Cuba". Añadía que Canarias enviaba hombres sanos y robustos, y si alguna vez se presentaba allí un enfermo, o simplemente un cojo o jorobado, el gobierno cubano no lo dejaba pasar.

Los periódicos de Cuba de la época continuaban haciendo campaña en pro de la creación de un sanatorio para tuberculosos en Tenerife, y reconocían que todo radicaba exclusivamente en los enfermos procedentes de Cuba. El doctor Ricardo Castelo Gómez envió una instancia al Cabildo Insular de Tenerife, afirmando la necesidad de un dispensario antituberculoso en la Isla:

> *Se trataba de una obligación recogida en los Estatutos Municipales el de establecer servicios para prevenir y tratar las enfermedades transmisibles, entre otras la tuberculosis, y organizar una consulta pública exclusivamente destinada a pretuberculosos y tuberculosos pobres*[145].

Los tratamientos médicos contra la tuberculosis estaban aún limitados a los principios higienistas: las curas al aire libre, el reposo y la buena alimentación. Los medicamentos que se incorporan durante estos años -con mucha fuerza- en la cura de la tisis son: el arsénico, fósforo, yodo y sobre todo el calcio y la quimioterapia por el oro.

Las nuevas técnicas quirúrgicas aportan tímidamente con la freniceptomía, la toracoplastia y el neumotórax extrapleural, algunas soluciones a los enfermos de tuberculosis pulmonar. El tratamiento mediante neumotórax, también había abierto una ventana a la esperanza, pues mediante esta maniobra se lograba una curación natural

[144] *Diario de Tenerife*, de 8 de agosto de 1918.

[145] *Op. Cit.*

que retraía la lesión produciendo una cicatriz ahogadora de los bacilos. Esta técnica fue utilizada por *Forlanini* en 1882, pero a partir del Congreso de Roma de 1912 es cuando se divulgan sus buenos resultados[146] y consigue buenas curas cuando las indicaciones eran acertadas.

Comienza a pensarse que no "colapsa sino que retrae las lesiones", que busca como medio de curación natural la retracción, la cicatriz ahogadora de los bacilos. También, como se dijo el arsénico, fósforo, yodo, calcio y la quimioterapia por el oro, entran con mucha fuerza para lograr la curación de la tuberculosis[147].

A comienzos de siglo se insiste a través de la prensa que con medidas preventivas específicas la enfermedad era evitable: la higiene, el descanso y una buena alimentación, y también se podía evitar no escupiendo al suelo, pues a través de la atmósfera se difundía esta patología. Como método fundamental para evitar su propagación, se recomendaba la higiene general, respiratoria, gastro-intestinal, de la piel, del sueño, del vestir, de las habitaciones...

El doctor Eduardo Domínguez Alfonso era uno de los más preocupados por la incidencia de esta enfermedad en Canarias, dado que este Archipiélago era un sitio privilegiado por su clima para que no existiera o, en menor grado, de la que existía[148].

Afirmaba que los medios más acertados para prevenirla y curarla eran mucha y buena alimentación, aire puro y educación conveniente del cuerpo y del espíritu. Una Real Orden publicada en *La Gaceta de Madrid*, en 1904, dirigida a los Gobernadores civiles daba las siguientes instrucciones respecto a la enfermedad:

> *1º Si entre la clase médica de la capital se inicia la creación de un comité contra la tuberculosis, se debe prestar apoyo a los que la forman.*

146 GONZÁLEZ GONZÁLEZ, E.: *Tomás Cerviá y Cabrera, un médico en la Historia de Canarias.* Colegio Oficial de Médicos. Santa Cruz de Tenerife. 1987, p. 42.
147 GONZÁLEZ GONZÁLEZ, E.: *Op. Cit*, p. 42.
148 *Diario de Tenerife*, 17 de junio de 1904, p. 2.

2º Si no se hubiese producido aún iniciativa alguna encaminada a la creación de un comité antituberculoso, debe convocar y reunir al inspector provincial de Sanidad, subdelegados de medicina, médicos de la Beneficencia y otras personalidades y en nombre del gobierno invitarlas a crear un comité antituberculoso ofreciéndoles cuantas facilidades estén a su disposición.

3º Las autoridades y comités cuya creación se recomienda podrán adquirir cuantos datos necesiten de organización, funcionamiento y finalidad, acudiendo al comité central de Madrid, iniciador en España de la Asociación Internacional antituberculosa[149].

En 1905, continuaba la preocupación por la enfermedad, y a través de los artículos de prensa se exponían los cauces por los cuales se podía evitar el contagio. Se destacaba que uno de ellos podría ser la limpieza en la vía pública:

...porque gran número de esputos de tuberculosos iban a parar a la calle. Era indispensable, sobre todo en épocas del año en que tantas infecciones se reaviven por las condiciones atmosféricas del clima, que se haga extensivo el riego de las calles de la ciudad que no tienen edificios; que se haga el barrido regando el pavimento con que la regadera de mano, y finalmente debe evitarse que el agua se encharque en los bordes para que disminuya el peligro del mosquito[150].

Las Islas Canarias durante este periodo fue de las regiones más castigadas por la tuberculosis. Durante los años 1905 y 1906, según informaba en el periódico *Las Canarias*, el 16,03% de los tuberculosos españoles lo eran de Santa Cruz de Tenerife. Esta cifra parece excesiva si se compara con el número de muertos de tuberculosis en España, que para el año 1908 ascendió a 54.000 personas. Los "pueblos y campos de Tenerife están plagados por la tuberculosis, esa terrible enfermedad casi desconocida entre nosotros hasta hace poco" y que por esas fechas iba en alarmante aumento[151].

Las ideas higienistas sobre cómo combatir la enfermedad continuarán llegando al Archipiélago, desde los distintos foros médicos. Las

---

149 *Diario de Tenerife*, 28 de junio de 1904, p. 3.

150 *Diario de Tenerife*, de 22 de julio de 1905.

151 ORY AJAMIL, F., y GONZÁLEZ LEMUS, N.: *Op. Cit*, p. 20.

conclusiones de éstas iban en el mismo sentido: el problema de la tuberculosis era un problema de habitación, pues la higiene era la clave para combatir el azote. Aire y luz en las habitaciones eran los dos grandes agentes para prevenir la aparición de esta enfermedad.

Por tanto, en adelante la higiene será el gran tema de preocupación para evitar las enfermedades respiratorias y su propagación. Años más tarde, el doctor Verdes Montenegro buscaba como solución, entre otras cuestiones, que se inspeccionasen las tahonas para evitar esta enfermedad entre los panaderos, que trabajaban en lugares cerrados y polvorientos, siendo un importante foco de infección de esta patología[152].

Pero hasta el año 1921, cuando se culminan los trabajos iniciados por los investigadores *Albert Camette* y *Camille Guerin* en 1908, no se conseguirá el desarrollo de una vacuna, la BCG[153]. En realidad, el tratamiento fuerte contra esta enfermedad se iniciará muchos años más tarde, allá por 1944, con el descubrimiento de la estreptomicina por *Waksman*.

Posteriormente, fueron apareciendo otros fármacos antituberculosos muy eficaces, entre los que destacan la isoniacida y la rifampicina, pero esto será algunos años más tarde del periodo estudiado[154].

Enfermedades venéreas

La venereología es la suma de conocimientos relativos a las enfermedades específicas transmisibles por el acto sexual y que se denomi-

[152] *La Prensa*, 22 de abril de 1926. Santa Cruz de Tenerife.

[153] BCG: Bacilo de Calmette-Guerin. El 18 de junio de 1921, se aplicó esta vacuna por primera vez a un bebé recién nacido en París, que fue pionera contra la tuberculosis. Un siglo después, sigue siendo la única vacuna que existe contra la tuberculosis -patología que mata a más de millón y medio de personas- y se estima que la reciben anualmente alrededor de cien millones de niños. Hasta la fecha, se calcula que han sido han administradas más de cuatro mil millones de dosis.

[154] PIEDROLA GIL Y OTROS: *Medicina Preventiva y Salud Pública*. Salvat Editores. Barcelona. 1988, p. 442.

nan comúnmente como enfermedades venéreas[155]. En la actualidad esa especialidad médica se denomina "Dermatología médico quirúrgica y Venerealogía".

De estas enfermedades la más frecuente fue la gonorrea, pero la más peligrosa y también más extendida fue la sífilis. Ya en el siglo XVIII se conocía a la sífilis y otras enfermedades de la piel como la enfermedad de San Lázaro, pues estaba considerada como una maldición divina por los pecados cometidos por los hombres.

Por tanto, bajo ese planteamiento no quedaba otra alternativa que implorar a Dios para su curación. El culto a San Lázaro estuvo restringido en Tenerife a una ermita situada en las proximidades de La Laguna -en la carretera hacía Los Rodeos-, aunque con jurisdicción espiritual para toda la Isla[156].

En 1894, en algunos lugares del norte de Tenerife se recomendaba el ingreso de las prostitutas en el asilo benéfico de La Orotava, para que fueran reconocidas y tratadas por los facultativos de este Centro. Concretamente, el alcalde de esta Villa norteña solicitaba a los médicos Carlos Igualada y Tomás Zerolo que "con el fin de velar por la salud pública y que ningún mal pueda afectar a la población, así como para evitar la propagación de la sífilis", les rogaba que con "el celo y prudencia que la distinguen y debido de su exquisito trato" atendieran a las prostitutas que les consultaran y que allí se curaran, para evitar seguir propagando "el funesto virus". También, les recordaba que en caso de que encontraran resistencia se le comunicará para adoptar las medidas que procedan a fin de "prevenir el mal en lo posible"[157].

Pero pasados los años, con la evolución de la Medicina y la aplicación de las ideas higienistas, estas enfermedades fueron tratadas farmacológicamente, además de iniciarse una profilaxis sobre estas patologías. Ya

[155] Relativo o resultante del intercurso sexual, por lo que son adquiridas, generalmente, por el intercambio sexual, las más importantes son: sífilis, gonorrea, chaneroide y linfadenoma inguinal o bubón climático.

[156] HERNÁNDEZ GONZÁLEZ, M.: *Enfermedad y muerte en Canarias.* Tomo I: *La enfermedad, la violencia y las catástrofes.* Ediciones Idea. Santa Cruz de Tenerife, 2004, p. 100.

[157] AMLO. Serie: Sanidad, caja nº 3, folio suelto.

en 1925, el doctor Ricardo Castelo publicó una cartilla antivenérea. En primer lugar, la remitió al Capitán General de la Región como jefe superior del Ejército, general Leopoldo de Heredia, pues en los soldados estaba el mayor caldo de cultivo de las enfermedades venéreas.

Constaba de veintiséis apartados desarrollados de manera divulgativa, para que conocieran mejor el desarrollo de la profilaxis. Lógicamente, se envió a la autoridad militar con el objeto de que fueran repartidas a fin de evitar esta enfermedad entre la tropa, pues era uno de los sectores poblacionales que en ese momento estaba más afectado por estas patologías.

Asimismo, el doctor Castelo consideraba que el consultorio de enfermedades de la piel, venéreas y sifilíticas de la Cruz Roja era insuficiente y había que construir otro mayor con diferentes secciones o departamentos, pues era una necesidad que llenaría un vacío existente en el Archipiélago[158].

El sarampión

En 1911, mediante un comunicado realizado por la Academia de Medicina, se afirmaba que todos los casos de sarampión[159] que llegaban al Hospitalito revestían gravedad y eran propensos a grandes complicaciones, además de producir honda preocupación entre los familiares de los afectados y de la población, por sus consecuencias.

Para contrarrestarlos, "un día se decidió ventilar las habitaciones, abriendo todas las puertas y ventanas, y cambió la enfermedad hacia formas benignas que en los primeros días de lo que llamare encerrona, presentaba tales tendencias a la malignidad". Estas medidas higiénicas

---

158 *La Medicina Canaria*, junio de 1925.

159 El sarampión es una enfermedad infecciosa que ataca principalmente a los niños. Está producida por un mixovirus, de propagación aérea y se inactiva rápidamente fuera del cuerpo, difundiéndolo los sujetos enfermos, no los sanos. Los principales síntomas son: fiebre alta, exantema en cara y cuerpo, conjuntivitis, fotofobia y catarro, principalmente. Puede complicarse con bronconeumonías y cuadros neurológicos. FARRERAS-ROZMAN: *Op. Cit*, p. 845.

no fueron asumidas de inmediato por toda la población, quizás porque la enfermedad había remitido notablemente, a pesar de los consiguientes brotes esporádicos[160].

Prueba de lo anterior es lo vertido en los periódicos en junio de 1932. El doctor Guigou, director del Hospitalito, notificó una nueva epidemia de sarampión que padecía la Capital, aunque sin causar la mortalidad de las anteriores epidemias. Afirmaba que era un error que los padres de los niños trataran la enfermedad con agua de borraja y abrigo en la cama.

Favorecía el desarrollo de la tuberculosis, apareciendo en la historia de esta enfermedad como causa desencadenante. Así, pues, quería divulgar entre la población que el sarampión exigía el tratamiento médico. Desde que se tuviera la más leve sospecha de que un niño lo padeciera deberían de llevarlo inmediatamente al Hospital de Niños para tratarle la enfermedad[161].

La gripe

Como introducción, señalar que la gripe fue una enfermedad que causó profunda preocupación entre las autoridades políticas y sanitarias de la época. Numerosos enfermos se infectaron en la Capital y en el resto de la Isla por la enfermedad en este periodo, destacando la mal llamada gripe española de 1918.

Con anterioridad, las otras epidemias de gripe habían afectado a niños y ancianos, pero en esta ocasión sus víctimas fueron jóvenes y adultos con buena salud, así como animales: perros y gatos, principalmente. Como señala *McCollum* que la gravedad de la gripe depende de las asociaciones bacterianas, pues "nadie muere de esta enfermedad sin infección sobreañadida".

El mal se iniciaba de forma repentina "con mucha fiebre, destacando entre sus diversos síntomas las cefaleas y el dolor de los miembros,

[160] *La Prensa*, 12 de diciembre de 1911.

[161] *La Prensa*, 10 de junio de 1932.

la sensación de frío y la tos". Su duración es de tan solo unos pocos días, y provocaba debilidad, cansancio y depresiones. Como se dijo, la elevada incidencia de complicaciones, en especial pulmonías, hacían que ésta produjera una elevada mortalidad[162].

En ese año, el mayor número de enfermos aparecieron en el Realejo Alto. Los domicilios de los atacados se hallaban vigilados por las fuerzas de la Guardia Civil y el alcalde hizo gestiones para habilitar un local donde alojar a esos enfermos en caso de complicaciones. Al año siguiente -en 1919- hubo otra epidemia gripal en La Victoria, además de afectar a los pueblos de Santa Úrsula y La Matanza. Pero el hecho significativo fue el de no haber certificado ninguna defunción, a pesar del número y la gravedad de los atacados[163].

La gripe española fue la pandemia más grave del siglo XX. En síntesis, la causó el virus H1N1 de origen aviar y aún no se ha llegado a un acuerdo general sobre su procedencia, pero se propagó a nivel universal durante los años 1918 y 1919. Similar en gravedad a la pandemia del Covid-19, ya que tienen signos y síntomas similares y que pueden llevar a complicaciones graves como la neumonía, y otras que pueden causar la muerte. La diferencia, los medios farmacológicos y terapéuticos que se disponen en la actualidad no eran los de 1918.

Para algunos autores, la forma pandémica de la gripe 1918-19, fue probablemente causada por un virus con varias bacterias (Simon Pimulier. 1967, 804-805), tales como "Staphylococus aureus, Pneumococo, Streptococus hemolitycus, bacilo de Pfeiffer", con traqueobronquitis y bronconeumonías graves con marcada tendencia a la necrosis y hemorragia, frecuentemente en personas jóvenes. Se calcula que en España dicha pandemia causó 250.000 muertes. Mientras, a nivel universal se le considerado la más devastadora de la historia humana, pues solo un año mató entre 20 y 40 millones de personas.

---

162 VV.AA.: *Crónica de la Medicina. 1880-1995.* Tomo II. Plaza y Janet, Editores. Barcelona. 1996. P. 396.

163 *La Prensa*, 27 de noviembre de 1918 y 14 de septiembre de 1919.

Se denominó gripe española porque esta enfermedad destacó con bastante profusión en la prensa española, mucho más que en el resto de Europa, que se encontraba inmersa en la Primera Guerra Mundial y aplicó la censura a todo lo relacionado con la pandemia, mientras que en España no sucedió.

Como se dice popularmente, "se le colgó el sanbenito o descrédito", cuando en realidad surgió en Kansas (EE.UU), pero la mutación fue la que hizo tan letal a la enfermedad, pues se propagó muy rápidamente a través de los soldados americanos que la trajeron a Francia durante la guerra.

En España, como se dijo, alcanzó cifras calamitosas entre muertos e infectados como en otros países. Los ayuntamientos no eran capaces de enterrar tantos muertos, además por primera vez en este siglo hubo más muertos que nacimientos en un año. La actividad económica se redujo tanto, que en algunas ciudades y pueblos quedó paralizada. Se calcula que alrededor de ocho millones de españoles se vieron afectados por el virus.

Los investigadores médicos carecían de medios para identificar el virus que causaba la gripe, con lo cual era imposible encontrar una vacuna. También y para colmo de males, la penicilina no se descubrió hasta 1928, hecho que posibilitaba que aquellos enfermos que pasaban la gripe y sufrieran después infecciones secundarias, fueran tratados con dicho antibiótico, por lo cual obviamente no se tenía esa herramienta.

Retornando a la Isla, en Santa Cruz de Tenerife en 1920 once enfermos con gripe y bronco-neumonía fueron desembarcados, procedentes del vapor Roger de Lluria. Posteriormente se encontraron nueve casos más, poniéndose en aislamiento a los afectados en la enfermería del vapor por haber quedado ocupadas todas las salas del Lazareto. La Junta Provincial de Sanidad, reunida en el Gobierno Civil, ratificó el acuerdo de aislar al buque y habilitar la Ermita de Regla para convertirla en un hospital de aislamiento ante una invasión de la epidemia.

El Inspector provincial de Sanidad, doctor Pisaca, dirigió entonces una circular indicando las reglas generales que se adoptarían en caso de una epidemia. Les pidió a todos los facultativos que cuando tuvieran conocimiento de algún caso, dieran cuenta inmediatamente por teléfono, escrito o palabra a la Inspección, indicando si fuera necesario o no el aislamiento de la casa del enfermo.

Entre los puntos más destacados de la circular, señala que deberán estar aislados por guardias los sitios de reunión donde hubiese enfermos de gripe neumónica, mientras que deberán ingresar en el Hospital municipal por todos aquellos con gripe neumónica, existentes en viviendas que no reúnan condiciones de habitabilidad tanto en ciudadelas, como en casas de vecindad y habitaciones realquiladas.

De igual forma, se deberán aislar en sus propios domicilios a los enfermos cuando éstos reúnan condiciones higiénicas. Para que el público tuviera conocimiento de que la existencia de casos de gripe, y se les obligaba a poner una banderita amarilla o un cartel que diga: "Existe contagio"[164].

En todos estos domicilios aislados, se llevarán diariamente por cuenta de la Sanidad pública, los desinfectantes necesarios para el enfermo y para la defensa de los asistentes al mismo. La desinfección gratuita y completa se haría al final de la enfermedad o por óbito. El transporte de las ropas infectadas se efectuaría en sacas embreadas y en cajas herméticas a la estufa de desinfección por cuenta de la Sanidad pública, conforme se haya así dispuesto.

La carencia de personal sanitario especializado, como la enfermería, era muy necesario para sus cuidados y atenciones, y su ausencia se echaba en falta. El poco existente -como las enfermeras tituladas- al tener mayores conocimientos, para aplicar auxilios y tratamientos prescritos a los pacientes afectados por la gripe y sus complicaciones, al igual que las tareas preventivas, estaba limitado a los centros sanitarios más especializados.

Los médicos se sienten totalmente impotentes. Como en los siglos anteriores, los hombres buscan protección con máscaras (similares a

[164] *La Prensa*, de 29 de enero de 1920.

las actuales mascarillas, salvando las diferencias...). Las autoridades están desbordadas, cerrando instalaciones públicas como iglesias, escuelas y teatros. El pánico se apoderó de la población.

Las autoridades sanitarias, principalmente el Gobierno Civil y la Junta provincial de Sanidad, valoraban el control del estado sanitario de la provincia tras la información que iban recibiendo mediante telegramas. Como se ha señalado, en otros puntos de la isla, en La Orotava, Icod y Granadilla fueron los lugares donde la enfermedad había hecho más estragos.

Por ello, se ordenó que en todos los pueblos de la provincia se constituyeran Juntas Locales de Sanidad, principalmente a los efectos de la Real Orden del Ministerio de la Gobernación sobre emigración, y por ser de imprescindible necesidad para salvaguardar los intereses políticos en cada uno de ellos[165].

---

[165] VV.AA.: *Crónica de la Medicina. 1880-1995. Op. Cit*; y *La Prensa, Op, Cit.*

V. Establecimientos sanitarios públicos en Santa Cruz de Tenerife

La gestión de los hospitales durante este periodo, que, "teniendo en cuenta todas las circunstancias es de los más excelente", principalmente se debía a los esfuerzos puramente filantrópicos de los comités locales de damas. El sostenimiento de los servicios administrativos y de enfermería, fundamentalmente, estaban basados en el trabajo de las Hermanas de la Caridad que fueron las figuras asociadas a cualquier centro sanitario durante muchos años.

También, se podía conseguir una habitación privada en alguno de los centros objetos de estudio, pero previo pago de una elevada cantidad. Sin embargo, las habitaciones públicas eran gratis. Desgraciadamente, los hospitales no eran suficientemente utilizados por la población, pues existía como una especie de miedo o temor a ingresar en estos centros. En cuanto a los niveles formativos hospitalarios, señalar que se llegó a manifestar que "la calidad de las escuelas de ciencias de la salud era inexistente, pues no había clases de disección"[166].

Establecimientos benéficos sanitarios

En Santa Cruz de Tenerife existían cuatro establecimientos benéficos que habían sido fundados durante la segunda mitad del siglo XIX y que dependieron, antes de pasar a la estructura administrativa de la Diputación provincial, de las Juntas Provinciales de Beneficencia, es-

[166] QUINTANA NAVARRO, F.: *Informes Consulares Británicos sobre Canarias (1856 – 1914)*. Centro de Investigaciones Económico y Social de la Caja de Canarias. Madrid. 1982, p. 1.005.

tos son: "el Hospital Civil de Nuestra Señora de los Desamparados"[167], que tenía un ámbito general, "la Casa de Misericordia", "la Maternidad, con una Casa de Huérfanos" junto a ella, y la "Cuna de Expósitos".

La mencionada estructura administrativa de los establecimientos benéficos, de asistencia o sanidad, que era una misma cosa, pasó al Cabildo de Tenerife en enero de 1914, tras haber sido transferida por la Diputación provincial. Esta operación resultó muy importante para la Institución insular, pues además de tener una estructura operativa era productora de rentas, con las consiguientes competencias legales y obligaciones institucionales.

El primer consejero-inspector fue Patricio Estévanez, quien dio un fuerte impulso a esta área, aprobando en 1916 el "Reglamento de régimen interior de los establecimientos benéficos", así como concediendo importantes subvenciones a los distintos centros dependientes del Cabildo[168].

La Casa de Maternidad, donde existía una amplia sala rodeada de minúsculos lechos blancos, lugar en el que depositaban los niños que recogía el torno[169]. El médico que estaba a su cargo, en 1918, era el doctor Luis García Ramos. Afirmaba que muchos niños morían víctimas de la vida que les daban sus padres, que en la mayoría de los casos venían tratados de sífilis o alcoholismo.

Señaló que "también era frecuente el depositar en el torno a los niños atacados de otras enfermedades y ya en un estado agónico. Estos eran los hijos de la miseria y del hambre". El Inspector de los Establecimientos Insulares de Beneficencia, Toribio Valle, afirmó que "los niños que entraban moribundos se morían, pero los que entraban sanos de ninguna manera fallecían"[170].

---

[167] En adelante, este centro se denominará también como Hospital Civil, pues era lo más frecuente para referirse a él entre la población, por lo cual aparecerá en mucha documentación con ese nombre.

[168] CIORANESCU, A.: *Historia del Cabildo Insular de Tenerife, 1913-1988. Op. Cit*, p. 227.

[169] Lugar donde se depositaban niños abandonados, normalmente bebés.

[170] *La Prensa*, 18 de julio de 1918.

En 1913 habían depositado treinta y un niños. De ellos murieron veintidós. En 1914 ingresaron treinta y nueve y fallecieron treinta y uno; de los treinta y nueve de 1915, murieron treinta y siete. En 1917, de cuarenta niños murieron veinte. El promedio de mortalidad era horroroso, registrándose en algún momento la muerte de casi todos los niños que ingresaban.

Además de las Hermanas de Caridad, la Casa de Maternidad contaba para sus servicios con tres amas de cría remuneradas con sesenta pesetas cada una[171], según reportaje sobre la evolución del Centro durante estos años y publicados en el periódico *La Prensa*[172].

En cuanto al Hospital civil o de los Desamparados de la Capital[173], en julio de 1926 existían por término medio de diez a quince tuberculosos pulmonares ingresados, sin contar los enfermos de tuberculosis quirúrgica[174], aunque también existían enfermos con esta patología internos en los hospitales de La Laguna y de La Orotava a cargo del Cabildo Insular.

Ante este número tan elevados de enfermos se solicitaba a la Administración estatal que cooperara en la construcción de un sanatorio, subvencionándolo en la proporción correspondiente al número de enfermos tuberculosos que existían en los diferentes hospitales[175].

---

[171] Una ama de cría o ama de leche era la mujer que amamanta a un lactante que no es su hijo. Práctica que fue común hasta finales del siglo XIX y principios del XX, para alimentar a niños cuyas madres no podían o no querían amamantar a sus hijos.

[172] *La Prensa*, 23 de julio de 1918.

[173] Cuya permanencia en el tiempo fue hasta julio de 1971, que se clausuró por entrar en servicio el recién inaugurado Hospital General y Clínico, posterior Hospital Universitario de Canarias, lugar donde se trasladan a los enfermos ingresados en el antiguo centro, así como la mayoría del personal sanitario y de servicios.

[174] Como ya se ha comentado, la cirugía se limitaba a la frenicectomía con o sin neumoperitoneo, la toracoplastia y algunos tímidos intentos de neumotórax extrapleural (introducir aire desde el exterior con el fin de provocar un colapso funcional del pulmón para logar la cicatrización de las lesiones). El tratamiento con neumotórax abrió una esperanza y consiguió buenas curas cuando las indicaciones eran acertadas. Aunque se empezó a utilizar en 1882 por *Forlanini* y *Murphy*, sus óptimos resultados aparecerán tras el Congreso de Tuberculosis de Roma, en 1912. GONZÁLEZ GONZÁLEZ, E.: *Op. Cit*, pp. 41-42.

[175] AMLO. Serie: sanidad, caja nº 24.

En julio de 1934, ya se disponía en el Hospital Civil, para la atención de la Beneficencia, aparatos de Rayos X, además de nuevas instalaciones:

> *Los nuevos pabellones recién construidos contaban con todas las condiciones necesarias, amplias naves dotadas de numerosas ventanas y circundadas por anchas galerías. Y en ellas camas, mesas y sillas de hierro esmaltado, sala de curas contigua e independiente para cada nave. En estos nuevos pabellones se encontraba la sala de partos y de cirugía general para mujeres, y dos salones más para operaciones. También en ellos estaba el salón de duchas y tocadores para las niñas del Asilo de Huérfanos. Una vieja escalera de madera estrecha y crujiente llevaba hasta la planta baja, que era la parte más antigua del edificio*[176].

Existía también en este hospital una temporada de descanso en la que se practicaban sólo las operaciones urgentes, bien por vacaciones del personal o por conveniencia de los enfermos. Como informa *El Noticiero*, en su parte baja estaba instalada la cocina, que se dividía en departamentos: los fregaderos y la cocina. La dirección de la misma se hallaba a cargo de "una hermana de la Caridad, además de haber una cocinera, una ayudante y tres freganchinas". Existiendo también tres lavanderas para el servicio de este departamento, y realizando incluso todo el servicio de la Casa-Cuna, que estaba instalada en Hoya Fría, donde había ochenta y cuatro niños.

En la parte alta del edificio antiguo existían varias salas destinadas a mujeres: sala siete, a cargo del doctor Tomás Cerviá y destinada a las enfermedades del pecho con veintidós enfermos; la ocho, a cargo de Gumersindo Robayna que es la de venéreas con ocho camas; las nueve y diez, eran de enfermedades infecciosas y se hallaban a cargo de los facultativos anteriores.

En los pabellones nuevos se encontraba la sala doce de Medicina Interna a cargo de Luis García Ramos, con catorce camas y dieciséis

---

[176] *La Prensa*, 28 de julio de 1934, p. 3. Hasta 1930 el aparato de Rayos X en los Hospitales de Beneficencia sólo era utilizado por los enfermos pobres u hospitalizados. A partir de entonces también lo harán con pacientes externos, estableciéndose los horarios correspondientes.

enfermeras; la trece, que era de Medicina y Cirugía. Estaban al cuidado los médicos Jacinto Aparicio y Luis Gabarda[177] y dotadas con catorce camas. La catorce pertenecía a Cirugía, también bajo la responsabilidad del doctor Luis García Ramos, con catorce camas. Por último, la sala quince, destinaba a paritorio, estando al frente los especialistas José Fernández Villamarín y Francisco Trujillo[178].

Además de todas estas salas, existía otra para operaciones con modernos instrumentos. Del cuidado de todas ellas estaban encargadas dos hermanas de la Caridad auxiliadas por ocho enfermeras. La parte alta del Edificio, que miraba hacia la Parroquia de la Concepción, era la destinada a las habitaciones de las hermanas, despacho del director y de la superiora, y un pequeño oratorio. El Servicio de Radiología se hallaba instalada en el segundo piso, junto al Laboratorio. La dirección del Hospital estaba a cargo del doctor Luis García Ramos, que la ostentaba hacía dieciséis años, habiendo sido su antecesor el doctor Diego Costa Izquierdo[179].

La visita de los médicos se efectuaba por la mañana y al mediodía. Hacían las guardias los siguientes doctores: Jacinto Aparicio, Miguel Melo, Manuel Villalba y Enrique Salcedo durante toda la noche. Además del personal facultativo mencionado, el Hospital disponía de los siguientes profesionales, que curiosamente alguno de ellos terminó en el Hospital General y Clínico, como es el caso del doctor Juan Vidal Torres (1908-2003), que organizó y fue jefe del Servicio de Otorrinolaringología.

> *De estómago, Manuel Rodríguez; garganta, nariz y oídos, Juan Vidal Torres; vías urinarias, Práxedes Bañares Zarzosa; oculistas, Corviniano Rodríguez López y Manuel Ruiz; odontólogo, Eustaquio García; farmacéutico, Lorenzo González Ortiz y practicante honorífico Federico López Moradillo. Las hermanas de la Caridad que prestaban los servicios del Hospital, Asilo de Niños y Casa-Cuna eran veintidós. El cargo de secre-*

[177] El Dr. Luis Gabarda Sitjar era médico militar. Para Ramiro Rivas, fue uno de los principales contactos en Tenerife de los conspiradores del Alzamiento del 18 de julio de 1936, según cuenta en *Tenerife 1936, Sublevación militar: Resistencia y Represión.* P. 22.

[178] *El Noticiero*, 17 de diciembre de 1934. Santa Cruz de Tenerife, p. 3.

[179] *La Prensa*, 28 de julio de 1934.

tario-contador de los Establecimientos Benéficos era para Rafael Marrero Padilla. La oficina estaba instalada en un departamento del Asilo de Niños. Un tercer pabellón se estaba construyendo para destinarlo a la ampliación de los servicios en general[180].

El Hospital Militar

Si bien esta Institución tiene un marcado carácter asistencial para un determinado sector, el estamento castrense y los familiares de sus mandos; desde el punto de vista historiográfico, se trata de un centro sanitario que por su importancia y aportación a la lucha frente a la enfermedad, cumplió su función sanitaria y no se puede omitir.

Haciendo un poco de historia, para situarnos en el contexto de la presente Institución sanitaria, el último Hospital Militar de Tenerife fue construido en unos terrenos que el Ayuntamiento de Santa Cruz le cedió a la Capitanía General de Canarias, frente al conocido Puente Galcerán. El proyecto, aprobado por una Real Orden en 1878, fue diseñado por el comandante de Ingenieros Tomás Clavijo y Castillo Olivares, iniciándose su construcción en 1881, bajo la dirección del maestro mayor de obras de Fortificación y Edificios Militares, Domingo Sicilia y González. La primera parte conclusa del edificio fue la fachada principal, en 1883, que se mantiene en la actualidad con ligeras modificaciones.

Con anterioridad a la edificación descrita, existió otro hospital militar fundado en 1771, situado en la calle de San Francisco, pero cuyas condiciones eran bastante insalubres. Más tarde se construyó otro en el camino a La Laguna (Rambla de Pulido), cerca del cuartel de San Miguel y lindando con el Campo Militar, que es la actual Plaza de Weyler. Según José Manuel Ledesma (El Día, 2021), este último comenzaría a derribarse el 9 de febrero de 1879, durante un solemne acto, al que asistieron diversas autoridades civiles y militares, gran número de ciudadanos y la banda de música del batallón.

---

180 *La Prensa, Op. cit.*

El general Valeriano Weyler[181] sería el encargado de dar el primer golpe de piqueta para derrumbarlo; luego, en un sentido discurso, explicó al público la razón de aquel acto, "que no era la de hacer un edificio más, sino de elevar el rango de la capital de Canarias y hermosear su mejor y más estratégico lugar". Como dato curioso, una de las salas hospitalarias, la San Pedro, se dejó intacta para que fuera la cochera del nuevo Palacio de Capitanía General de Canarias, que comenzaba a levantarse en el solar resultante y que se ubica en la actualidad en el lugar donde estuvo ese hospital.

El nuevo edificio, según cita Ledesma, "se articulaba a partir de cinco crujías, siendo la central el resultado de las cuatro restantes. De esta manera se constituían dos grandes patios perpendiculares a la crujía transversal, en los que se ubicaba un pabellón por cada uno de ellos. La mayoría de los materiales empleados para su construcción procedían del antiguo edificio de la Plaza Weyler". Destacan en la historia y evolución de este hospital, las diferentes reformas y modificaciones que realizó la Comandancia de Ingenieros de plaza.

Con estas obras se procuraba adaptar el centro a las numerosas innovaciones de la Medicina, así como a las necesidades originadas por el aumento de la población militar en la provincia, "por lo que las camas hospitalarias llegarían a pasar de 130 a 480. Esta situación convirtió al Hospital en una especie de laberinto en el que se mezclaban las construcciones originales con otras posteriores y las zonas reformadas con las zonas viejas y deterioradas", resultando zonas de contraste al carecer de una similitud arquitectónica.

Las diferentes especialidades originarias en este centro sanitario, si bien luego se fueron incorporando muchas otras, eran: "medicina

[181] Valeriano Weyler y Nicolau (Palma de Mallorca, 1838 – Madrid, 1930). Militar y político español, que ostentó los títulos nobiliarios de Marqués de Tenerife y Duque de Rubí y una grandeza de España. Fue capitán general de Cataluña, Vascongadas, Baleares, Cuba, Filipinas y Canarias, destacando por su importancia para el presente trabajo, su etapa en las Islas. Su mandato fue de 1878 a 1883, durante el mismo se impulsó la construcción del edificio de la Capitanía General de Canarias, con sede en Santa Cruz de Tenerife, y del Gobierno Militar de Las Palmas de Gran Canaria.

interna, infecciosos, oftalmología, cirugía y observación. A partir de 1904, la asistencia a los enfermos la asumirían las Hijas de la Caridad, aunque quedarían en suspenso en el año 1924, por la Real Orden que desautorizaba sus servicios en los hospitales militares". Mucho después, en 1951, se incorporaron nuevamente a su actividad asistencial.

Hospital de Niños

Como se dijo al principio, cuando hablamos del tránsito al siglo XX, el 26 de mayo de 1901 se inauguró en Santa Cruz de Tenerife el Hospitalito de Niños, cubriéndose un vacío importante hasta ese momento en la asistencia médico-quirúrgica infantil. Durante todos estos años, en la prensa local se seguía elogiando su labor, así como la de su director, el doctor Diego Guigou, por su quehacer diario con la infancia. El centro había sido construido a principios de siglo. Su eficacia y buen funcionamiento se debió al sencillo y práctico reglamento por el que se regía.

Se le denominaba Hospitalito por las simpatías y cariño que inspiraba entre la población. Los niños de las familias acomodadas que cooperaban a su mantenimiento hacían que se dividiera en fundadores y protectores, según fueran mayores o menores de doce años, quedando obligados a llevar ellos mismos sus donativos. La clase media y la aristocracia también contribuían organizando funciones teatrales, tómbolas, bailes y otras diversiones.

El doctor Guigou, con su idea de la protección a la infancia, proponía estudiar las medidas establecidas en el Primer Congreso Internacional de Protección a la Infancia. Por tanto y adoptando resoluciones acordadas en ese Congreso, se ideó la fundación de la llamada "Gota de leche", cuyo objetivo único no sólo sería el reparto de alimento sino algo más útil y trascendental:

> *1º Establecer un consultorio gratuito a donde acudan las madres a recibir instrucciones y consejos acerca del método que deben seguir en la lactancia de sus niños, y preceptos indispensables a la higiene infantil.*
>
> *2º Comprobar el resultado de estos preceptos, pesando semanalmente o quincenalmente, y aún en algún caso diariamente a los lactantes...*

> *3º Prescribir y hasta suministrar cuando los recursos lo permitan, los medicamentos necesarios en los casos de enfermedad que sean compatibles con el transporte de los enfermos lactantes al consultorio, y no en los que deben ser asistidos a domicilio.*
>
> [...]
>
> *...también, estaba previsto conceder premios a las madres que cumplan y observen los preceptos señalados. En el caso de que por insuficiencia de leche, o por necesitar una parte del día para el trabajo remunerativo, o por otras causas justificadas, algunas madres no puedan criar a sus hijos a pecho sólo, se les suministrarán biberones para que alternen la lactancia mixta*[182].

La comisión permanente de la Junta de protección a la Infancia la integraban: el Gobernador civil como presidente y los vocales Diego Guigou, el inspector provincial de Sanidad, el alcalde de la Capital y el presidente de la Diputación. En 1911, la Junta Provincial de Protección a la Infancia reunida en el Gobierno Civil, nombró secretario general a Restituto Tenés y secretario de la Comisión permanente a Diego Guigou y Costa[183].

Para entender la intensa labor sanitaria que realizaba el Hospitalito, los datos hablan por sí solos, pues del total de niños ingresados en este Centro durante 1912, fueron dados de alta trescientos cuarenta y cuatro por haberse curado. Quedaron en tratamiento treinta y tres para el año siguiente y fallecieron solamente veinticuatro. A la consulta pública acudieron setecientos cincuenta y cuatro niños, pero como algunos acudieron dos o más veces, el número de consultas se elevó a más de mil quinientas.

A pesar de que la mortalidad infantil disminuía considerablemente, el Ayuntamiento de la capital adoptó en 1913 nuevas medidas de higiene para combatir las enfermedades infecciosas. Las entrevistas que se realizaban en los medios de comunicación era uno de los instrumentos elegidos. El doctor Costa apoyaba la idea de la higiene, y el

182 *La Prensa*, 21 de septiembre de 1911.

183 *Op. Cit.*

doctor Naveiras[184] relataba la serie de abusos, descuidos y torpezas que se cometían contra la higiene.

Este popular médico estuvo encargado ya en otra ocasión de la inspección higiénica como funcionario del municipio. Avisó del riesgo de contagio que ofrecían las ciudadelas, los pozos negros, la pescadería, el carromato de la carne y las carnicerías, entre otras actividades comerciales[185].

Aún estaba en la mente de la población, de las autoridades y los médicos los desastres de la última epidemia de cólera sufrido en Tenerife[186]. Por eso, en octubre de 1914 se reunieron varios médicos implicados en la sanidad pública con el gobernador civil, al objeto de informar del estado sanitario de la Capital. "Todos los doctores expresaron que no era de carácter alarmante la infección variolosa que sufría la población en esos momentos". Según el doctor Laborde, "...la epidemia no era alarmante, no era más que una simple varicela", a pesar de los fallecimientos que había producido[187].

Años después, ante las fuertes demandas y aumento de las necesidades entre la población, quedó abierto en 1925 en este Hospital un consultorio gratuito para niños pobres sin cobrarles nada por la consulta. Los días y horas asignadas fueron: los martes, jueves, y sábados de tres a cinco de la tarde, bajo la dirección del doctor Diego Guigou[188].

Como todos los años, el 6 de enero de 1926 se celebró en el Hospital de Niños el festival de Reyes con regalos para los pequeños, y al doctor Guigou le entregaron los niños una placa por iniciativa del periódico

---

[184] José Naveiras era el inspector municipal de Sanidad y el doctor Florencio Porpeta y Llorente inspector médico de servicio.

[185] *La Prensa*, 17 de octubre de 1914.

[186] La epidemia de cólera que sufrieron las islas en 1893 seguirá preocupando por esta época a los médicos y autoridades de la capital, por los grandes estragos que hizo entre la población infantil. Cuando se aprecia en gran medida es en 1913, pues entran menos mozos en quintas que en los años anteriores, porque les correspondían a los nacidos en ese año de 1893.

[187] AMSCT. Serie: sanidad, caja 525/15; y *La Prensa*, 17 de octubre de 1914.

[188] *La Prensa*, 30 de junio de 1925.

La Prensa. La placa, modelada en bronce por el tinerfeño Francisco Borges, fue objeto de grandes elogios por los presentes al acto.

Al acto asistieron como invitados, el gobernador civil Domingo Villar Granjel[189]; representante del alcalde, Sr. Ravina; inspector de los Establecimientos benéficos, Sr. Juan Rodríguez López; consejero del Cabildo, Sr. Estarriol; y secretario del Gobierno Civil, Sr. Domínguez Manresa. Se dio lectura a la carta del director y redactores del citado periódico, explicando el homenaje de los niños al médico por su abnegada y fecunda labor al frente del Hospitalito[190].

Años más tarde, en 1936, ante el fallecimiento del fundador del Hospitalito y coincidiendo en el tiempo con la guerra civil, la Junta de Gobierno del Hospitalito nombró como director-médico a su hijo, Diego Manuel Guigou y Costa, ya que había sido su más directo colaborador en el establecimiento sanitario infantil.

El Manicomio

En 1894, siendo Juan Febles Campos diputado-inspector de los Establecimientos Benéficos de la Diputación provincial, se constituyó una asociación para construir un Manicomio[191]. Estaba formada por muy pocas personas, en total tres: el Dr. Febles Campos, Magdalena Ravina del Campo, como secretaria y el arquitecto Antonio Pintor. Se hizo un reglamento y Antonio Pintor se encargó de la redacción de los planos, para edificar este centro y entregarlo a la Diputación.

[189] El 26 de febrero de 1925 tomó posesión del cargo de gobernador civil Domingo Villar Granjel, por Real Decreto del 5 del mismo mes. Había venido ejerciendo las mismas funciones en la provincial de Cuenca. Era abogado especializado en cuestiones administrativas y colaborador del Gobierno en la redacción de los Estatutos Municipales y Provinciales. Luego marchó a Bolivia, donde fue catedrático de Derecho Administrativo, falleciendo en aquel país en 1933.

[190] *La Prensa*, 17 de enero de 1926.

[191] Los enfermos dementes -término por el que se denominaba a los locos- se ingresaban hasta ese momento en el Hospital de los Desamparados -Hospital civil-, que existía desde 1844, y en un local anexo construido para tal fin. Pero como el espacio era insuficiente, estos enfermos afectados de patologías psiquiátricas eran enviados a Cádiz.

Compraron una finca en las afueras de Santa Cruz de unas cuatro fanegadas y como era iniciativa privada comenzaron a recaudar fondos, tarea nada fácil y con muchas dificultades. Lentamente fueron construyendo la carretera hasta la finca, un depósito de agua, los pabellones y dependencias. Cioranescu menciona que "un cronista de la época decía: Recurrió a las Corporaciones Oficiales, pidió a entidades particulares, asaltó a cuantas personas caritativas le podían ayudar"[192].

Las obras para la construcción de este Centro sanitario fueron lentas y no se podía avanzar más rápido por dificultades económicas. El proyecto era de 100 camas. La finalidad -como se dijo- era entregar el Manicomio a la Diputación cuando estuviera terminado; pero, dadas las necesidades se hizo antes. El 22 de agosto de 1917, se ha considerado esta fecha como la de "inauguración oficial", pues se trasladaron los primeros 40 enfermos del Hospital de los Desamparados: 22 mujeres y 18 hombres, donde estaban prácticamente hacinados.

Señalar que antes de utilizarse este centro como Manicomio, en este lugar se instaló provisionalmente un hospital para los repatriados que llegaban de Cuba y Filipinas a finales del siglo XIX, afectados por enfermedades contagiosas de tipo epidémico, que eran las más frecuentes en ese momento. También, como albergue para náufragos o, años después, para las víctimas de la erupción del volcán Chinyero[193].

Prueba del hacinamiento, la estrechez y la ocupación por enfermos con otras patologías que sufría el Manicomio, está en las denuncias que se realizaban en los organismos públicos por los médicos con responsabilidades políticas. Así pues, durante la sesión del ocho de noviembre de 1924 en la Diputación provincial de Canarias, el diputado-inspector Diego Guigou solicitaba a la Corporación que trasladaran a *"otros establecimientos más adecuados los recluidos, en número de cuatro, que no padecen precisamente enajenación mental, sino otras enfermedades"*, por lo que solicitaba además que se ampliara el centro

192 CIORANESCU, A.: *Historia del Cabildo de Tenerife, 1913-1998. Op. Cit*, p. 103.

193 CIORANESCU, A.: *Historia de Santa Cruz. Op. Cit*, p. 103.

y se transformara en un manicomio de referencia provincial, pues los trabajos se encontraban parados desde hacía algún tiempo.

Requería también el doctor Guigou, que se revisaran los expedientes de los recluidos en el Centro "a fin de que permanezcan en el establecimiento únicamente el tiempo legal de observación", y que no se ingresaran en el manicomio casos como el de "un huérfano procedente de Puerto de Cabras [Fuerteventura] que padecía imbecilidad, por lo que debía ingresarse en un establecimiento de otra clase", lo que demuestra que -en principio- este lugar se utilizaba como sitio de cobijo o asilo cuando no se disponía de otro, para todos aquellos casos crónicos que no revestían un inmediato tratamiento o especial cuidado[194].

Pero pasaban los años, y como ha ocurrido muchas veces a lo largo de la historia de este Sanatorio, las necesidades han ido por delante de las realidades. Por fin, en 1926 se dotó una sala más para mujeres, debido a las urgencias del momento. Por último, en 1929, dividido ya el Archipiélago y siendo presidente de la Mancomunidad Interinsular don Antonio Vivancos, llegaron a un acuerdo la Corporación y la Asociación y materializaron la entrega oficial de los edificios, pues este organismo no podía hacer pabellones en unos edificios y un terreno que no le pertenecían. Entonces Juan Febles Campos y Antonio Pintor fundaron un Patronato para la protección de los enfermos mentales.

Esta idea fue muy avanzada para la época y cuyos fines eran: "Auxiliar y proteger a los enfermos mentales, ayudarlos cuando salgan curados o convalecientes; difundir los conceptos de curabilidad de los locos; ponerlos en tratamiento desde que comienzan a presentar trastornos; instruir a las gentes sobre las causas de la locura y cómo evitar las enfermedades; hacer investigaciones epidemiológicas; buscar trabajo y colocación a los que salgan curados; evitar que sean explotados y maltratados". Las ideas del Patronato finalmente se perdieron, pues éstas

194 AHPTF. Libro de Actas de la Diputación Provincial, sesión del ocho de noviembre de 1924.

debieron chocar con las mentalidades del momento, cuando lo normal era encerrar y atar a los enfermos mentales, vejarlos o burlarse de ellos[195].

Como se apuntaba anteriormente, en 1929 se entregó la totalidad de las edificaciones hechas hasta ese momento. Por los años veinte, antes de la cesión definitiva a la Mancomunidad, era director del Manicomio y lo siguió siendo por mucho tiempo el doctor José Fariña Álvarez.

Este médico, al terminar la Guerra Civil, en 1939, y darse cuenta del auge de las enfermedades mentales en las Islas, hizo un magnífico anteproyecto para construir un nuevo Sanatorio Psiquiátrico con una granja laboral aneja, que por diversas dificultades no pudo ver la realidad. Merece subrayar la inquietud para tratar los problemas psíquicos de la provincia. Otros médicos pioneros del Centro son los doctores Diego López Daute, José Malva y Serrano[196].

Al ser un servicio provincial, el Cabildo de Tenerife no tuvo en ningún momento titularidad sobre él, "pues el sostenimiento de un asilo, casa de Caridad o Manicomio para reclusión de dementes" era tarea específica de la Mancomunidad Interprovincial (integrada por los Cabildos de La Palma, La Gomera y El Hierro), surgida tras la desaparición de la Diputación provincial y por reglamentación orgánica.

Pero el Cabildo dentro de sus actividades sanitarias siempre incluyó a este centro, a pesar de que dependiera de la Mancomunidad. A partir de 1937, a este centro se denominó Sanatorio Psiquiátrico de Santa Cruz de Tenerife -de ámbito provincial- continuando con las difíciles tareas del cuidado y asistencia a los enfermos mentales.

A pesar de ello, era frecuente que el Cabildo de Tenerife cubriera el déficit del Sanatorio Psiquiátrico, como lo hizo en 1939, por una cantidad de 57.028 pesetas. Algunos años después, en 1958, al tratarse de la corporación más rica de las cuatro que componían la Mancomunidad, ésta acordó que el Cabildo de Tenerife se hiciera cargo del Psiquiátrico, "de forma análoga al sistema establecido en el Hospital Civil".

[195] PÉREZ Y PÉREZ, J.: "Historia del Sanatorio Psiquiátrico Provincial: en su sexagésimo aniversario", suplemento cultural del periódico *El Día*, 18 de diciembre de 1977.
[196] *Op. cit.*

Se nombraron dos consejeros insulares para todo lo relacionado con esta nueva competencia, "que resolverá uno de los más importantes aspectos de la Beneficencia provincial", pero no se formalizó nada. Probablemente, por la dificultad de compaginar la misión insular del Cabildo de Tenerife con la aplicación de parte de su presupuesto a las atenciones de otras Islas[197].

Instituto Provincial de Higiene y Vacunación

El Instituto de Higiene funcionó primero en el traspatio del Hospital de los Desamparados, con la denominación de Laboratorio Provincial. Se inauguró en junio de 1917, con el nombre de Instituto Provincial de Higiene y Vacunación bajo la dirección del doctor Julián Van Baumberghen. El local estaba situado en unos pabellones de doble planta edificados en el centro de la huerta anexa al Hospital Civil. En las espaciosas y acondicionadas salas había un laboratorio.

En 1921, llega de Madrid una buena noticia para este Instituto, porque mediante una Real Orden del Ministerio de la Gobernación se nombraba una Comisión, que se encargara de la construcción en Santa Cruz de Tenerife del edificio que albergará al Instituto Provincial de Higiene y Vacunación, y la integrarán los doctores: Diego Guigou, presidente de la Real Academia de Medicina; Agustín Pisaca, inspector provincial de Sanidad; Humberto Lecuona, director del Laboratorio; y el arquitecto municipal Antonio Pintor[198].

Antes de partir hacia Madrid por razones del cargo que ostentaba: diputado provincial, el doctor Julián Van Baumberghem dejó ultimadas las gestiones para la adquisición del terreno donde se construiría el Instituto. Era el encargado de informar al Gobierno de las gestiones que se estaban realizando, para llevar a cabo la ejecución de las obras del Instituto de Higiene y del Sanatorio del Teide. Tras diferentes avatares, en 1929 el Cabildo firmó un convenio con la Junta Provincial de

[197] CIORANESCU, A.: *Historia del Cabildo Insular de Tenerife, 1913-1988. Op. Cit*, pp. 237-239.

[198] *La Prensa*, 6 de julio de 1921.

Sanidad para construir el nuevo edificio, conservando la propiedad el Cabildo y siempre para los mismos fines.

El proyecto se presentó en 1930 y dado su carácter provincial dependía de la Mancomunidad Interinsular, pero en 1935 cuando se tomó posesión del edificio, éste no fue parte del Cabildo a pesar de seguir a su cargo. La entrega a la Mancomunidad no tuvo lugar hasta el 27 de mayo de 1936[199].

Muestra del interés que despertaba este Instituto es la inspección que se realizó en junio de 1931, con motivo de la visita a la ciudad del doctor Marcelino Pascua Martínez, director General de Sanidad y que había sido elegido diputado a Cortes Constituyentes por la provincia de Las Palmas. Conoció las instituciones sanitarias de la Isla, acompañado del Jefe Provincial de Sanidad, Andrés Núñez del Río, deteniéndose principalmente en el Instituto de Higiene, donde estudió los planos y el proyecto del nuevo edificio que se construiría en la Rambla XI de Febrero[200].

Esta Institución contó desde 1932 a 1935 con un medio de difusión de carácter mensual, el *Boletín del Instituto de Higiene de Tenerife.* Fue una publicación de bastante utilidad pues contenía consejos higiénico-sanitarios tanto para la población como para los profesionales de la salud[201].

Dispensario Antituberculoso

La historia de la tuberculosis en Tenerife está vinculada al interés que marcan sus condiciones climáticas. Los primeros profesionales que se ocupan de la relación "enfermedad y clima", fueron los doctores Tomás Hernández y Tomás Zerolo Herrera. Este último residía en La Orotava, realizando un importante estudio sobre el clima, eligiendo para sus ensayos a Las Cañadas y el municipio de Vilaflor.

199 CIORANESCU, A.: *Historia del Cabildo Insular de Tenerife, 1913-1988. Op. Cit*, p. 231.
200 *La Prensa*, 26 de junio de 1931.
201 GALÁN GAMERO, J.: *Op. Cit*, p. 381.

De igual forma, un grupo de científicos extranjeros que había hecho un viaje de estudios a la isla de Tenerife, presentaron varias ponencias en la "IX Conferencia Internacional contra la Tuberculosis", celebrada en Bruselas en 1910. Señalaban a Las Cañadas como un lugar óptimo para el tratamiento de las enfermedades respiratorias y de la piel. Acordaron, también, dirigirse al Gobierno español para solicitarle la instalación de un gran sanatorio[202].

En 1914, otra expedición científica llega a Tenerife. La preside el profesor *Dember*, de la Escuela Superior Técnica de Dresden, para estudiar los iones eléctricos en Las Cañadas. Ante la proliferación de estudios y de solicitudes, el gobierno español denegó los permisos para la construcción de instalaciones sanitarias en Las Cañadas, pero nombró una comisión de estudio para ver la posibilidad de construir un sanatorio con fondos propios.

El Ayuntamiento de La Orotava, en 1919, acuerda "terminar la carretera que iba desde esta Villa hasta Vilaflor, así como solicitar fondos para construir en Las Cañadas un sanatorio para enfermos pobres, organizar un patronato, recoger aguas de los manantiales y establecer una relación de chozas y tiendas de campaña que se instalaron en aquellos lugares, que, desde ahora, deben tener licencia fiscal". Resaltar que gracias a las gestiones del inspector provincial de Sanidad y diputado, Julián Van Baumberghen, se impulsaron las gestiones y comenzaron las obras[203].

Pero, desgraciadamente, las obras se abandonaron pronto, pues entre otras razones habían desaparecido prematuramente sus impulsores, así como porque "todo lo que se hace con lentitud es desplazado por el progreso", ya que habían aparecido nuevas formas de tratamiento. El progreso científico dejó atrás sin terminar los deseos de la lenta maquinaria burocrática.

No obstante, sobre la reiterada base de las buenas condiciones climáticas se crearon diferentes colonias de tuberculosos, como las de

202 AMLO. Sección: Patrimonio.

203 AMLO. Sección: Patrimonio. *Op. Cit.*

Vilaflor y Tacoronte[204]. Pero tendrían que pasar aún muchos años para que funcionara en Tenerife un verdadero centro o dispensario antituberculoso. Y, mucho más tiempo, para que existiera un Sanatorio que acogiera a los enfermos afectados por la tuberculosis[205].

Al fin, el 9 de octubre de 1928 tuvo lugar el acto de bendición e inauguración del Dispensario Antituberculoso Primo de Rivera de la capital, establecido por la Junta Provincial de la Lucha Antituberculosa, con sede en la calle de Canales Bajas. Al acto acudieron las principales autoridades civiles y militares de la provincia, así como el personal sanitario de la Institución y representantes de la prensa. El Dispensario comenzó a funcionar al día siguiente. Las horas de consulta eran de siete a nueve de la noche, y el servicio de vacunación profiláctica, curativa y acción social fue coordinado por el doctor Castelo.

El servicio de rayos X, corrió a cargo del doctor Arozarena; el de exploración general, al doctor Cerviá, además del practicante-secretario Sr. Jurado, que le ayudaba en tareas técnicas. Contaba con amplios vestíbulos, Dirección y Departamento de Vacunación, de Rayos X y Sala de Reconocimientos. Poseía también una lámpara de cuarzo y un laboratorio fotográfico.

Se estableció paralelamente el servicio de encuesta social, visita domiciliaria y un servicio de tuberculosis para niños. En ese mismo mes, bajo la presidencia del Obispo de la Diócesis, se reunió la Junta provincial de la lucha antituberculosa, y se dio posesión del cargo de Presidente al Obispo de Tenerife, nombrado por Real Orden del Ministerio de la Gobernación[206].

Acordaron la exhibición de la película "Corazón de la Reina", destinada a la propaganda antituberculosa, celebración de la Fiesta de la Flor, y el establecimiento del seguro antituberculoso, cuyo autor era Juan Rodríguez López. Pensaban que sería esto la solución económica

[204] GONZÁLEZ GONZÁLEZ, E.: *Op. Cit*, pp. 39-41.
[205] *Op. Cit.*
[206] *La Prensa*, 25 de octubre de 1928.

para contar con la cadena de instituciones antituberculosas, cuya finalidad era el combatir la enfermedad.

Un año más tarde, el Dispensario contaba con el personal técnico indispensable, y el público acudía diariamente a examinarse. Pero faltaban recursos para completar servicios, sobre todo de índole social, de aislamiento y los de socorro. Se carecía también de enfermeras visitadoras, locales para enfermerías y sanatorios para los casos de aislamiento y de algunos tratamientos que requerían hospitalización.

Se demandaba al Ayuntamiento de la capital, a la Mancomunidad y al Cabildo que tomaran conciencia de la necesidad y labor del Dispensario, que ya en marzo de ese mismo año había visto a más de 500 enfermos, siendo sus recursos limitados.

> *Sin embargo, se le agradecía por sus apoyos económicos a los Cabildos Insulares de La Palma y La Gomera, Ayuntamientos de Breña Baja, Tazacorte, Realejo Alto, Icod de los Vinos y Fuencaliente. También hacía falta el montaje de lo referente a tuberculosis quirúrgicas y especialidades. Pero para todo ello hacía falta dinero y ampliar el Dispensario. Como subvención del Real Patronato tenía doscientas cincuenta pesetas mensuales, y lo que se obtuviera de la Fiesta de la Flor. Se pedían leyes defensoras de la condición insular y en contra de la penetración de posibles contagios*[207].

Después de cumplir el año de funcionamiento el Dispensario antituberculoso, el presidente de la Junta Provincial y Obispo de Tenerife, Fray Albino, emitió una circular para denunciar la falta de recursos y ayuda que tenía la Institución. "Solicitaba las obras sociales que se demandaban y denunciaba que en muchas localidades no se había podido organizar aún la Fiesta de la Flor cuyo objetivo era recaudar fondos".

Se necesitaba con urgencia y necesidad la construcción de una enfermería para tuberculosos y la cooperación de los Cabildos Insulares, Ayuntamientos, empresas nacionales y extranjeras, ricos y pobres del archipiélago, aportando dinero, subvenciones, solares para construir edificios médicos, entre otras instalaciones[208].

---

207 *La Medicina Canaria*, noviembre de 1929.

208 *La Medicina Canaria*, diciembre de 1929.

Dispensario Antivenéreo

Establecido por convenio con la Junta Provincial de Sanidad, inaugurado el 2 de enero de 1930, el Dispensario público antivenéreo de la Capital se ubicó en un principio en el mismo edificio del Hospital Civil, por la fachada de la calle San Carlos. El inspector provincial de Sanidad y director del establecimiento, en su primer momento, fue don Andrés Núñez del Río.

La misión del centro era el reconocimiento y curación de individuos afectados por enfermedades venéreas, además de su propagación y contagio. El personal lo constituía el inspector provincial, los médicos Robayna y Clavijo, jefe de consulta y de visitas, respectivamente; el practicante, José Ballesteros; y el personal auxiliar con un enfermero, una enfermera y varias hermanas de la Caridad[209].

Mientras esperaban el traslado de lugar hacia el nuevo edificio que se construía, en la calla de San Sebastián, las hospitalizaciones se hacían en el mismo establecimiento insular y los análisis en el laboratorio de Higiene. Para su construcción contó con la donación de un solar por parte del Cabildo, treinta mil pesetas del Ayuntamiento y con cincuenta mil que la Junta Provincial de Sanidad tenía disponibles. Venía a llenar una necesidad que demandaba la sanidad canaria en esta época.

En junio de 1931, durante la visita que realizó el director general de Sanidad, Marcelino Pascua Martínez, como ya se comentó en el apartado del Instituto Provincial de Higiene y Vacunación, también se interesó por el proyecto del edificio que se estaba construyendo para instalar el Dispensario Antivenéreo en la calle San Sebastián, en Santa Cruz de Tenerife. Los doctores Pascua y Núñez del Río[210] también trataron cómo implantar la Escuela de Puericultura e Higiene Infantil, y cómo sería

[209] *La Prensa*, 4 de enero de 1930.

[210] Andrés Núñez del Río tomó posesión de la Inspección Provincial de Sanidad de Santa Cruz de Tenerife en enero de 1928, según Real Orden de 22 de diciembre de 1927. Con anterioridad había ocupado el mismo cargo en la Inspección Provincial de Albacete. *La Medicina Canaria*, enero de 1928.

más eficaz la lucha contra la enfermedad de la tuberculosis[211]. Finalmente, las obras de este nuevo Dispensario Antivenéreo se culminaron.

Establecimientos sanitarios rurales: el Hospital de Realejo Alto

La idea de un Hospital en el Realejo Alto surgió en 1916, como consecuencia de unos fondos económicos que por herencia se donaron a la Beneficencia municipal. Sin embargo, por diferentes motivos jurídicos-administrativos la idea no se materializó.

Diez años después, en 1926, se volvió hablar del proyecto. Tras una Orden del Ministerio de la Gobernación para reconducir la anterior situación legal, se inició el nuevo proyecto de Hospital y Casa de Socorro del Realejo Alto. Pero no será hasta el 7 de agosto de 1932 cuando se materialice el viejo proyecto, con su inauguración como centro de beneficencia.

Se nombró como director al médico titular e inspector municipal doctor José García Estrada y como inspector-concejal don Pedro Rodríguez Siverio, pues ambos habían iniciado con mucho entusiasmo esta intensa labor para poner en marcha el Centro. El acto fue amenizado por la banda de música La Filarmónica e hicieron uso de la palabra el director y el inspector, para recordar que el verdadero artífice de la idea de crear un centro sanitario era el señor Ruiz Andión[212].

Posteriormente, se creó un Patronato de mujeres que velaría por el buen funcionamiento del Centro. Se asistieron a numerosos enfermos de la localidad y de otros pueblos que llegaban de urgencia o buscando la consulta del doctor García Estrada. Muchos pacientes sin recursos terminaron ingresando en este centro de beneficencia. Los ingresos para sostener el centro provenían de los donativos de particulares y

[211] *La Prensa*, de julio de 1931.

[212] Juan Ruiz de Andión, que falleció en Los Realejos en 1916 sin herederos, había donado una parte de su capital para que con los intereses se atendieran necesidades de la Beneficencia, por lo que las autoridades municipales pensaron destinar este dinero a la creación de un hospital. *La Prensa*, 13 de septiembre de 1933.

los productos obtenidos en las funciones benéficas. "Véase como un hospital municipal ha realizado labor insular improvisada. Estos servicios son tanto o más importantes cuanto no son de carácter obligatorio. Así su misión benéfica se ha humanizado"[213].

El centro contaba con una sala de operaciones, otra de esterilización, seis salas para enfermos con ocho camas y varias cunas, una habitación mortuoria, dos habitaciones para la enfermera, cuartos de baño, despacho del director, una cocina y dos patios con jardines. Además, todas las salas contaban con material quirúrgico.

En cuanto al personal, además del doctor García Estrada, estaban los practicantes don Marcos Fuentes Albelo y don Ramiro Rosado Iglesia, así como la enfermera doña Petra Mosegue. Su presupuesto era de 2.400 pesetas anuales fijas, producto de los intereses de los fondos que había dejado en herencia el señor Ruiz Andión, más las funciones benéficas y donativos que pudieran obtener.

Al año de estar funcionando el centro, la dirección de este Hospital demandaba al Cabildo de Tenerife que fuese acogido con las mismas condiciones que el resto de los centros de beneficencia insular y que fuera uno más en la provincia con las mismas condiciones e inversiones. Manifestaban que "depende del auxilio que debe prestarle el Cabildo de Tenerife, dotándolo de un edificio, ad hoc, pues como ha prestado y presta un servicio semi-insular es acreedor a que la Excma. Corporación lo tome en consideración y lo coloque en el lugar que le corresponde dentro de los centros de beneficencia de Tenerife"[214].

Al final esa aspiración no se culminó, ya que el Cabildo insular no asumió al citado centro sanitario entre sus establecimientos benéficos.

---

[213] GONZÁLEZ YANES, J.: *Perfiles de médicos célebres: aportes a la sociedad tinerfeña.* Legopress. Tenerife, 1999; y *La Prensa,* 13 de septiembre de 1933.

[214] *La Prensa, Op. Cit.*

VI.- Establecimientos sanitarios privados en Santa Cruz de Tenerife

En cierta manera, se les podría considerar como centros sanitarios privados colaboradores de la Sanidad pública. Algunos años más tarde de la creación de los centros descritos en los apartados anteriores, comienzan tímidamente a surgir una serie de establecimientos (pequeñas clínicas privadas) conocidas por el nombre de su propietario o promotor de la idea.

Con ello nos podemos imaginar la situación del momento, en ese periodo histórico, pues en definitiva es la continuación del periodo higienista, pero iniciando tímidamente la etapa de la antibioticoterapia, así como otros avances científicos, resultando ser los siguientes.

Clínica del Dr. José Rodríguez López

En 1916, el doctor José Rodríguez López tenía su clínica instalada en la calle 25 de julio, conocido también con el nombre de Barrio de los Hoteles, como popularmente se conocía la zona. Con anterioridad este centro estuvo situado en la calle de Pérez Galdós. Era un establecimiento dedicado a las enfermedades de garganta, nariz y oídos (Otorrinolaringología) y ojos (Oftalmología), donde se practicaban todas las operaciones quirúrgicas de las especialidades citadas, además de graduaciones de la vista e inyecciones del "Neo Salveran", para enfermos infecciosos (venéreas) [215].

Anexo a dicha clínica se encontraba un laboratorio de Análisis Clínicos, con todos los adelantos de la época para el estudio de jugo gás-

[215] Medicamento antiluético y tripanocida (contra la sífilis). Se aplicaba por vía intravenosa en dosis progresivas de 0,15 a 0,90 gramos. PIMULIER, F.: *Opus Cit*, p. 1.274.

trico, reconocimiento de heces fecales, reacción de *Wassermann* para el diagnóstico de la sífilis, entre otras pruebas diagnósticas.

La "prueba de *Wassermann* o reacción de *Wassermann*", se trataba de una novedosa prueba sanguínea para detectar la sífilis, basada en la fijación del complemento, siendo su descubridor el bacteriólogo *August Paul von Wassermann.* Ademas de ser el primer análisis de sangre para la sífilis, es el primero en la categoría de pruebas no treponémicas[216]. Esta prueba ya no se utiliza.

Las consultas de esta clínica con carácter ambulatorio, se realizaban entre las once y doce de la mañana y de dos a cuatro de la tarde. Los médicos que formaban parte de la plantilla eran los siguientes facultativos:

- Álvaro del Río,
- Domingo Arozarena Reyes,
- Diego López Daute,
- Julián Van Baumberghen, que era el director del laboratorio.

También, esta clínica tenía una delegación-consultorio en La Laguna, en la calle Juan de Vera, donde pasaban consulta los jueves de cuatro a cinco de la tarde y los domingos entre las diez y las doce de la mañana[217].

Clínica del Dr. García Ramos

El doctor Luis García Ramos había sido médico titular del municipio de Güímar, interno del Hospital de Barcelona y ejercía como médico cirujano en el Hospital Civil en Santa Cruz de Tenerife. Tenía instalada su clínica particular en la santacrucera calle de Alfonso XIII, siendo atendidas las consultas ambulatorias diariamente de tres a cin-

[216] La no treponémicas, las que detectan anticuerpos que generan los tejidos dañados por la infección por sífilis; las treponémicas, las que detectan anticuerpos específicos contra la bacteria que produce la sífilis, el *treponema pallidum.*

[217] *La Prensa* 11 de abril de 1916.

co de la tarde, destacando que los martes y viernes entre las cinco y seis de la tarde la consulta era gratuita para los más necesitados.

En su establecimiento se atendían enfermedades relacionadas con las vías urinarias, partos, enfermedades de la mujer y de los niños, medicina general, tratamiento de las afecciones crónicas de estómago e intestinos, cirugía general, cura radical de hernias y hemorroides, cirugía del aparato urinario y genital del hombre, operaciones en la garganta, nariz y oídos[218].

Clínica del Dr. Ángel Capote

En un edificio ubicado en la Rambla XI de Febrero de la Capital, se inauguró en el mes de junio de 1923 la conocida Clínica del doctor Ángel Capote Rodríguez. En el intento de plasmar de forma resumida, cómo era la mencionada entidad sanitaria, se describen globalmente las instalaciones.

En el piso bajo se hallaba el despacho del médico y otras habitaciones destinadas a exploraciones y reconocimientos. La sala de exploraciones de garganta, nariz y oídos se encontraban dotadas de potentes focos que iluminaban perfectamente la zona de reconocimiento. La sala de curas y exploraciones de vías urinarias, contaban con los más perfectos instrumentos para el reconocimiento de los enfermos.

También se hallaban en el citado piso salas destinadas a radiografías y exploración de Rayos X, radioterapia y tratamientos con electroterapia. En el piso alto, aparte de las habitaciones para enfermos, se encontraban las salas de esterilización, operaciones, departamentos para aseos, baños y duchas, etc. Una amplia y ventilada galería dividía en dos cuerpos los departamentos y servicios de este piso.

Los muebles eran de hierro y cristal, lo mismo que las camas, lavabos, roperos, mesas de noche, etc., y todos fácilmente desarmables para su mejor limpieza. Contaba también con un completo servicio eléctrico y teléfono. La sala de operaciones era de acuerdo con la mo-

[218] *Diario de Tenerife*, 2 de marzo de 1912.

derna cirugía; con bombonas para contener gasas, algodón y paños esterilizados que se abrían y cerraban automáticamente, a fin de que no fuera preciso tocarlas con las manos.

Cubos para recoger los materiales usados, también de cierre automático y cuantos instrumentos pudieran ofrecer utilidad en la sala. Y por último se hallaba el gabinete de esterilización con aparatos que garantizaban el éxito de las operaciones[219].

Clínica Nuestra Señora de los Reyes

El 25 de octubre de 1930 se inauguró la nueva Clínica Nuestra Señora de los Reyes, propiedad del médico especialista Adalberto Rodríguez López. Estaba construida en un chalet de la calle San Sebastián, frente al puente Galcerán. La clínica estuvo orientada principalmente a curar las enfermedades de las mujeres y los niños, y las consultas se realizaban tanto de día como de noche, porque había un médico de guardia. Se trataba de un establecimiento de lujo para aquellos años.

El doctor Adalberto Rodríguez López estaba diplomado por la Facultad de Medicina de París y era también el director de la Sala de Partos en el Hospital Civil de Santa Cruz, por lo que contaba con un gran prestigio para fundar una clínica particular.

> *Contiguo al despacho del médico-director estaba situada la sala de reconocimiento con un gran lujo, cuatro amplias habitaciones le seguían, con ventilación directa para el alojamiento de las parturientas. En otros departamentos se hallaban instaladas la sala de Rayos X y de esterilización. Entre los aparatos destacaba una incubadora eléctrica destinada a los niños raquíticos y de nacimiento prematuro*[220].

De esta manera se publicitaba en la prensa de la época este centro, dirigido a las clases más pudientes.

---

[219] *La Prensa*, 25 de junio de 1927.

[220] *La Prensa*, 26 de octubre de 1930.

VII.- Médicos destacados en la sanidad local durante este periodo

Los diferentes profesionales médicos que se citan en esta época no son todos los ejercientes en la Capital, ni mucho menos en la Isla, sino los que más han sobresalido por su labor benefactora en el desempeño de sus funciones a la población desvalida de entonces, en su lucha contra la enfermedad ya que los medios y los avances técnicos del momento eran muy limitados.

El médico de entonces se formaba en facultades peninsulares y también en universidades europeas. Sus actos médicos se basaban en los conocimientos científicos que poseían, fundamentalmente, dominar la Fisiología, la Microbiología, el estudio anatomopatológico, la antisepsia, la exploración física del enfermo y la clasificación de las enfermedades. Estas pautas de comportamiento sentarán las bases de la moderna Medicina y conseguirán por entonces importantes logros.

Como se dijo, se muestran a continuación unas pinceladas -pues toda su biografía es imposible- de algunos de estos personajes, los más directamente implicados en la lucha contra la enfermedad y con actuaciones totalmente altruistas:

Don Víctor Pérez González

El doctor Pérez González nació en Santa Cruz de La Palma el 8 de junio de 1827. Estudió la carrera de Filosofía en La Laguna y Medicina en la Facultad de París obteniendo el título de profesor en Medicina y Cirugía, doctorándose más tarde en la Sorbona, en 1851. Se le puede considerar como el más importante de los higienistas de la época.

Desde que leyó su tesis doctoral, "La elefantiasis de los griegos", insistió en uno de los problemas más preocupantes de las sociedades urbanas modernas, que eran la higiene y la búsqueda de alternativas paliativas de las enfermedades originadas por la insalubridad, que se fundamentaban en la aplicaciones naturales y baratas. Llevó a la práctica los métodos más avanzados de desinfección en las casas de su tiempo, como el sistema sanitario de *Moulle*[221], que había conocido en un congreso en Londres. La perseverancia en la higiene y la correcta adecuación de las viviendas, escuelas y centros públicos, con ventilación óptima fue otra de sus preocupaciones.

Tras una breve estancia en La Palma, se instala en el Puerto de la Cruz donde consolida un rico patrimonio familiar gracias a la herencia de su esposa y a su labor como facultativo. Fue promotor de la construcción del *Sanatorium Gran Hotel Taoro*, con la intención de que fuera un sanatorio de alcance internacional para atraer a la isla a los enfermos ingleses que padecían enfermedades respiratorias, sobre todo a los afectados de tuberculosis.

Ostentó el cargo de vicepresidente de la Academia Médico-Quirúrgica de Canarias y falleció en el Puerto de la Cruz, Tenerife, el 21 de febrero de 1892, víctima de una trombosis.

Desde el punto de vista ideológico Víctor Pérez se puede considerar como republicano, "entendiendo como tal la militancia en las raquíticas clases medias tinerfeñas en un proyecto de amplia base social de la política restringida a las capas altas de la sociedad por el pacto oligárquico establecido en la España decimonónica entre la antigua élite propietaria y las capas burguesas". Por esa militancia y por el amor a su ciudad adoptiva, el primer ayuntamiento republicano del Puerto de la Cruz le dedicó una plaza junto al convento de San Francisco[222].

Estaba especializado en las enfermedades respiratorias y de los órganos genito-urinarios (actualmente, las especialidades de Neumolo-

---

221 Se trataba de la utilización de tierra seca como desinfectante, pues al no existir alcantarillado con esta aplicación se generaba un guano inodoro que se podía aplicar en la agricultura. Con este sistema se reducían los casos de fiebres tifoideas y difterias que asolaban numerosos pueblos de las Islas.

222 HERNÁNDEZ GONZÁLEZ, M.: "Víctor Pérez. Un médico palmero que impulsó la botánica canaria", en Revista *Rincones del Atlántico*, nº 2. La Orotava. 2005, pp. 90-91.

gía y Urología). De intensa actividad profesional e intelectual, asiste con cierta regularidad a congresos en el extranjero y practica la divulgación sanitaria en los foros profesionales.

Ejerció la medicina en Santa Cruz de Tenerife y, dos días por semana, en La Laguna. Fue autor de diversos trabajos sobre temas médicos, de agricultura y botánica, así como artículos de viajes. Prueba de ello es su artículo sobre la difteria publicado en la revista *El siglo Médico*, en 1862, y que fue uno de los primeros trabajos escritos en Canarias aparecidos en una revista médica especializada de carácter nacional.

En este trabajo se reflejaban los esfuerzos que tenían que hacer los médicos de la época, para intentar salvar las vidas de sus pequeños pacientes cuando aún no existía el suero antidiftérico, ni se empleaban las perfusiones endovenosas y existía una experiencia muy limitada acerca de las traqueotomías en niños.

En definitiva, fue un personaje muy querido en el Puerto de la Cruz y en su ciudad natal, donde "le conocían por Don Bito" o también cuando le acogían con mucho entusiasmo a su llegada con "Don Bito está aquí...". Acompañó a muchas personalidades que visitaron Tenerife como el arquitecto francés *Adolphe Coquet* que había diseñado el Hotel Taoro, y la escritora *Olivia M. Stone*[223]. Ésta, durante su visita en 1883, en referencia al Hospital Civil decía que "además de ser hospital, el edificio es también orfanato, asilo, manicomio. Las Hermanas de la Caridad se ocupan de los enfermos y niños abandonados"[224].

Otra inquietud fue en el terreno de la botánica, "para promover el culto al jardín y los paseos, característico del espíritu higienista de su tiempo, que conectaba estrechamente con el desarrollo económico insular cifrado en el turismo". Ahí jugó un gran papel su jardín y el de la Marquesa de la Quinta Roja en La Orotava, diseñado por *Coquet*, de

[223] HERNÁNDEZ GONZÁLEZ, M: *Op. Cit*; y GARCÍA NIETO, V.: "El Dr. Víctor Pérez y la Difteria. Reseña de uno de los primeros trabajos escritos en Canarias y publicados en la literatura médica nacional", en Revista *Acta Médica*, nº 38. Santa Cruz de Tenerife. Octubre de 1997.

[224] Ledesma Alonso, J. M.: "Tenerife y sus satélites, la ciudad vista por una escritora de viajes", en el periódico *El Día*, 10 de marzo de 2024.

la logia masónica de *Lyon* y al que trajo para su realización. Esta labor la continuará su hijo Jorge Víctor.

Su defensa del monte es una constante en su vida. Insiste en que "el cuidado del monte protege las tierras labradías, proporcionándole frescura e impidiendo las grandes avenidas que arrastran hacia el mar los terrenos mullidos". Criticaba el afán roturador y dice que "esos árboles que no dan fruto, sus despojos, que también levantáis de encima de sus raíces con una engañosa codicia, son los mejores protectores que las tierras bajas y cultivadas pueden tener para evitar desgracias...", que darían paso a la erosión de esos suelos pendientes, cuyas tierras desaparecen arrastradas hacia el mar[225].

Don Darío Cullen Sánchez

Don Darío nació en La Laguna en 1832, lugar donde estudió el bachiller para luego trasladarse a Cádiz y realizar allí la carrera de Medicina. Aparece como una de los médicos más antiguos en el ejercicio de la profesión en Santa Cruz, siendo uno de los primeros titulares de la Beneficencia domiciliaria, destacando sus actuaciones en las diferentes epidemias de cólera que azotaron la Capital. Entre los numerosos cargos públicos que ocupó, destaca el de jefe Superior de Sanidad de Canarias y director del Puerto de Santa Cruz de Tenerife y en 1868 fue miembro de la Junta Superior de Gobierno.

Con el fallecimiento de Darío Cullen -en Santa Cruz de Tenerife-, el día 2 de enero de 1898, la isla pierde una de las figuras más señeras de la Medicina del siglo XIX. Este hecho luctuoso fue muy sentido entre la población de Tenerife.

En el orden político, fue militante del Partido Republicano lo que le costó numerosas persecuciones y una deportación. Candidato a la Diputación provincial y a Cortes generales, resultando elegido diputado provincial. Miembro de los comités de redacción y redactor-colabora-

[225] HERNÁNDEZ GONZÁLEZ, M: "Víctor Pérez. Un médico palmero que impulsó la botánica canaria". *Op. Cit.*

dor de varios periódicos del partido y del diario *El Progreso de Canarias*. Fue presidente del Gabinete Instructivo[226], del que era cofundador, socio de mérito y presidente en el momento de su fallecimiento.

Pertenecía también a la Asociación de la Cruz Roja y desempeñaba las funciones de presidente de la Junta de la Capital, siendo a su vez Comendador de la Orden de Isabel la Católica. El Gabinete Instructivo le honró en su duelo con una velada necrológica, cuyo discurso estuvo a cargo del también republicano José M. Pulido[227].

Don Eduardo Domínguez Alfonso

Nació en Arona, Tenerife, el 13 de octubre de 1840. Realiza el bachiller en el Instituto de Canarias (La Laguna), y se traslada en 1858 a Barcelona, para estudiar Medicina, pero finalizando la carrera en Madrid. Una vez finalizada la licenciatura, en 1864, obtuvo por oposición la plaza de segundo ayudante médico (teniente médico) de Sanidad Militar, en el Hospital Militar de Tenerife. Posteriormente ejerció en el Batallón ligero Provisional de Canarias y en el Batallón de Cazadores de las Navas y Médico de las Unidades de Artillería de Canarias, licenciándose en 1870.

Una vez terminada su vida militar, inicia un amplió periplo para ampliar conocimientos en Lisboa, Londres, París y Berlín, pues sus inquietudes científicas le llevaron a viajar por esas ciudades europeas,

[226] El Gabinete Instructivo (1869-1901) fue una sociedad que durante sus treinta años de existencia realizó una incomparable labor a favor de la ciudad de Santa Cruz y de la isla de Tenerife. Integrada por una generación de patriotas de diversas tendencias ideológicas: republicanos, conservadores, liberales, carlistas, católicos, masones, así como otros de cualquier línea de pensamiento, uniéndoles a todos el afán de progreso para la ciudad y la defensa de la isla por encima de otros intereses. Los proyectos e ideas surgidas -que de cierta manera sentaron las bases de la actualidad- destacan el ensanche de la ciudad, las construcciones de casas para trabajadores, la creación de un parque municipal, la fundación de un hospital para niños, creación de sociedades agrícola, del comercio, de construcción y de reformas urbanas. Sus miembros más destacados daban clases de idiomas, de historia y de cultura general, animando a la población, aunque no fueran socios del Gabinete, a que participaran en las mismas.

[227] GUIMERÁ PERAZA, M.: *Darío Cullen Sánchez*. Tomo V. Ediciones Canarias. 1994, p. 1.220.

a fin de adquirir de la comunidad médica los nuevos avances profesionales. Junto a su colega el doctor Mascaró realizó la ruta europea, trasladándose luego al Brasil ejerciendo la cirugía en Sao Paulo y en Bahía (Brasil), donde realizó exitosas intervenciones quirúrgicas. En Tenerife, realizó la primera ovariotomía de Canarias.

Una vez en Tenerife, fue nombrado director de Sanidad Marítima del puerto de Santa Cruz de Tenerife, así como presidente del Establecimiento de Segunda Enseñanza en esa ciudad, donde impartió clases de Física y Química durante ocho años. También, formó parte de las personas que fundaron el Gabinete Instructivo en Santa Cruz, para el desarrollo de las ideas por medios escritos y orales encaminadas al desarrollo intelectual de sus miembros.

En 1879, fue nombrado tesorero de la recién creada Academia Médico-Quirúrgica de Canarias, donde más tarde será presidente al transformarse en Real Academia de Medicina, en 1908. En esta institución presentó numerosos trabajos, destacando uno titulado "El objeto más capital y sublime de la ciencia, evitar las enfermedades que tratarlas".

En 1884, siendo presidente de la Comisión de Higiene de la Diputación Provincial, tenía en su haber las credenciales de Comendador de número libres de gastos de Isabel La Católica, socio corresponsal de Antropología de Madrid, de la real Sociedad de Amigos del País de Granada, de la de Buenas letras de Sevilla, médico de Hospitalidad Domiciliaria, Caballero de la Real y distinguida Orden de Carlos III. Fue concejal del Ayuntamiento de Santa Cruz, pero en el plano político, su papel más destacado es que fue el primer presidente del Cabildo Insular de Tenerife el 16 de marzo de 1913, tras crearse esta institución en Canarias[228].

Otro hecho destacado en su vida profesional fue durante la epidemia de cólera de 1893, que causó 382 muertos en el último trimestre de ese año. Los contagios -como se señaló en el epígrafe de esa patología- afectaron los barrios de El Cabo, Los Llanos, el Toscal, San

---

[228] Notas tomadas del blog de Rafael Cedrés, en: https://www.cedres.info/2013/03/eduardo-dominguez-alfonso.html

Andrés e Igueste, pero acabaron por extenderse a municipios del Sur como Arona, Vilaflor, Fasnia y Candelaria. El doctor Domínguez Alfonso presidió la Comisión de Higiene y Salud Pública, constituida en noviembre de ese año, encargada de realizar las desinfecciones, formar las comisiones de socorro y de instalar un hospital en el Lazareto.

Igualmente, lideró las brigadas sanitarias para realizar las desinfecciones en los diferentes focos detectados de las casas contaminadas, mientras que para el resto de viviendas se propuso que las cuadrillas las visitaran, cuantificaran sus dependencias y comprobaran las elementales normas de higiene: ventilación, limpieza, residuos. Dada la magnitud de la epidemia, publicó un folleto explicativo con las medidas elementales para prevenir los contagios[229].

Al año siguiente, Eduardo Domínguez fue condecorado, entre otras personalidades, con la Encomienda de número de Isabel la Católica por su labor al frente de la Comisión de Higiene y Salud Pública durante la epidemia.

Con anterioridad a ostentar la presidencia del Cabildo, había sido diputado provincial por el distrito de Santa Cruz de Tenerife. Formó parte del periódico *El liberal de Tenerife* desde su creación en 1891. También colaboró en la *Revista de Canarias*. En 1897 inicia la andadura de la academia preparatoria de enseñanzas militares. En 1899 es vocal propietario de la Real Sociedad Económica Amigos del País.

En 1900, realiza una complicada intervención quirúrgica para extirpar un tumor ubicado en el cuello de una paciente que afectaba la yugular, que resultó un éxito. En noviembre de ese año, lo designan presidente del Congreso Social y Económico Hispano-americano y presidente del Colegio de Médicos de la provincia. En diciembre de 1901, resulta elegido miembro suplente de la Junta Provincial de Sanidad.

Como ya se dijo, el 16 de marzo de 1913 se constituyó por primera vez el Cabildo Insular de Tenerife, eligiéndole como primer presidente de la Corporación, cargo que ejerció hasta el 1 de enero de 1916. En

229 COLA BENÍTEZ, L: *Op. Cit*, p. 211.

1914, inicia gestiones en Madrid para conseguir que se le conceda al Cabildo la autorización necesaria para la imposición y cobranza de arbitrios extraordinarios, sobre la importación y exportación de mercancías en la isla.

Falleció en Santa Cruz de Tenerife, el 2 de diciembre 1923 después de una larga enfermedad que le mantuvo apartado de su actividad. El cortejo fúnebre que se inició en su casa, en Costa Sur, continuando hacia la Plaza de Weyler, donde quedó presidido por las autoridades civiles y militares y de ahí hacia el cementerio de San Rafael y San Roque de Santa Cruz de Tenerife[230].

En 1967, el Ayuntamiento de Santa Cruz acuerda rotular una calle de la vuelta de Los Pájaros con su nombre. También, el Ayuntamiento de Arona le dedicó en 2004 el nombre a un aula del Instituto de Educación Secundaria en el barrio de Guaza. En 2023, se le dedicó en ese municipio una escultura en bronce en la plaza del casco.

Don Diego Costa y Grijalba

El doctor Diego Costa nació en Santa Cruz de Tenerife, en 1844. Realizó sus estudios de Bachillerato en La Laguna y los universitarios en la Facultad de Medicina de Cádiz y obtuvo la licenciatura en Medicina y Cirugía en 1869. Fue alumno interno del Hospital Clínico de Cádiz y ejerció en esa ciudad. Mas tarde se trasladó a Santa Cruz de Tenerife, donde desarrolló una destacada labor profesional, siendo considerado como una de los primeros clínicos.

Por sus servicios profesionales prestados en la Marina, fue condecorado con la Cruz del Mérito Naval. Fue redactor de la *Revista Médica de Canarias*, miembro de la Academia Médico-Quirúrgica, colaborador de la *Revista de Canarias* y gran aficionado a la Geografía e Historia y a la oratoria académica. Quizás por ello, era asiduo participante de los debates del Gabinete Instructivo de Santa Cruz de Tenerife. Como to-

[230] Cedrés, R.: *Op. Cit.*

dos los grandes médicos de la época, estaba al corriente de los nuevos avances científicos de su profesión.

El 11 de enero de 1903 se publicaba en la prensa su fallecimiento, haciéndole sus compañeros en noviembre un brillante homenaje en el Ateneo, al que acudieron representantes de todos los sectores de la sociedad: alcalde, gobernador, médicos, farmacéuticos, etc. El doctor Tomás Zerolo, célebre médico instalado en La Orotava, fue el encargado de hacer el elogio fúnebre del compañero y colega muerto.

Como era de esperar, el doctor Zerolo "cumplió a satisfacción su cometido, presentando un bellísimo y acabado trabajo donde describía a la perfección las múltiples dotes que adornaban a su dilecto compañero". Tras el fallecimiento del apreciado doctor, la Comisión del Hospital Provincial nombró a Juan Bethencourt para la plaza que desempeñaba don Diego Costa, que era segundo ayudante de D. Veremundo Cabrera, quedando de auxiliar su hijo Diego Costa Izquierdo[231].

Don Tomás Zerolo Herrera

El doctor Tomás Zerolo nació en Arrecife, Lanzarote, en 1850. Obtuvo la licenciatura en Medicina por la Universidad de Madrid y fijó su residencia en La Orotava, al contraer matrimonio con doña Isabel Fuentes. Hombre de temperamento inquieto y de una gran cultura, fue colaborador de la revista *La Orotava*, órgano el Liceo de la Villa, con tirada quincenal sobre Ciencias, Literatura, Bellas Artes, Literatura y Agricultura, así como en la prensa de la isla, donde publicaba artículos con cierta asiduidad.

Perteneció a la masonería[232], fue médico del Hospital de la Santísima Trinidad de La Orotava y subdelegado de Medicina en la zona, además de otros cargos empresariales entre los que destacan el ser

---

231 GARCÍA NIETO, V.: <<El suero antidiftérico en la Revista Médica de Canarias>>, en Revista *Acta Médica*, nº 36. Santa Cruz de Tenerife. Julio/Agosto de 1997; *El Día*, 11 de noviembre de 1969; y MORALES y MORALES, A.: *Diego Costa y Grijalba.* Tomo V. Ediciones Canarias. Tenerife. 1994, p. 1.170.

232 DE PAZ SÁNCHEZ, M.: *Op. Cit*, p. 861.

miembro del Consejo de Administración de la Unión Eléctrica de La Orotava. Poseía notables dotes de oratoria, que pone de relieve como mantenedor de los Juegos Florales de este municipio que tienen lugar en 1901. Estas condiciones le permiten dar la clase de Retórica y Poética en el Colegio Taoro, apareciendo en el cuadro de profesores del curso 1897-1898[233].

Falleció en 1911 en La Orotava, lugar donde ejerció siempre su profesión. Su óbito produjo gran conmoción entre sus conocidos y personas que le apreciaban por el importante trabajo que realizaba en la Isla. Era un facultativo muy querido entre la población, pues "le consideraban el médico de los ricos y el padre de los pobres". En 1909, siendo médico cirujano del Hospital de La Orotava, fue elegido por el Gobierno para representar a España en el Congreso de Roma sobre los accidentes en el trabajo.

También, en mayo de 1898 participó en un Congreso de Higiene y Demografía celebrado en Madrid, para exponer varios trabajos médicos sobre "las excelentes condiciones del clima en el Valle de La Orotava para tener una mejor calidad de vida"[234]. Durante ese mismo año y en su memoria, dada la relevancia social del personaje, se celebró en el salón de la Diputación provincial la sesión inaugural de la Real Academia de Medicina y Cirugía de Canarias, conjuntamente con el Ateneo de Tenerife.

Dada la importancia del acto, la prensa de la época reflejaba quienes fueron las diferentes personalidades que asistieron:

> *En el estrado, rodeado el presidente de la Academia Eduardo Domínguez también estaban el alcalde accidental de la ciudad, comandante de Marina, presidente del Ateneo, ayudante de campo del Capitán General, presidentes y comisiones de diversas corporaciones y sociedades, representantes de los cuerpos de la guarnición y de la prensa, gran número de médicos y socios del Ateneo. El presidente de la Academia abrió la sesión*

[233] CULLEN SALAZAR, J.: *El Colegio de San Isidro de La Orotava (1907 – 1998).* Fundación San Isidro Labrador. La Orotava. 1999, p. 41.

[234] *Diario de Tenerife,* 11 de junio de 1910.

con un telegrama que envió el doctor Antonio Soler[235] *desde el Puerto de la Cruz expresando su adhesión al motivo de la celebración*[236].

Tras el fallecimiento del doctor Zerolo, la Inspección Provincial de Sanidad propuso a Miguel Fernández Cruz, para desempeñar la Subdelegación de Medicina de La Orotava, y hasta que la Comisión permanente de la Junta Provincial de Sanidad ocupara interinamente dicho cargo. El Ayuntamiento de la Orotava, en 1912, acordó dar el nombre de doctor Tomás Zerolo a la calle del Agua de la Villa.

También, dispusieron colocar el retrato del doctor en la sala de sesiones y nombrar una comisión compuesta por el alcalde Salazar y los presidentes de sociedades locales para que organizaran un brillante homenaje en honor suyo[237].

Don Veremundo Cabrera Díaz

El célebre Veremundo Cabrera Díaz, nació en Santa Cruz de Tenerife en 1850. Licenciado en Medicina y Cirugía por la Facultad de Cádiz, licenciándose también en Farmacia y más tarde realizó su tesis doctoral en Madrid, bajo el título "El Lipoma del mesenterio". Médico de la Administración de Justicia y del Hospital Civil Nuestra Señora de los Desamparados (Hospital Civil), como jefe del Servicio de Cirugía y posteriormente director durante muchos años. Ejerció otros cargos

[235] Antonio Soler nació en Cádiz, pero se consideraba hijo de Canarias. A comienzo de siglo regresó de América con una gran fama, y se instaló en el Valle de la Orotava, concretamente a Puerto de la Cruz. Era una persona querida y respetada por toda la población, no solo la orotavense, sino de los otros pueblos del norte de la isla, como el Realejo Alto y Bajo. En febrero de 1903 fue nombrado por el Ayuntamiento de Santa Cruz director de Sanidad interior, pero en noviembre renunció al cargo. En julio se le habían concedido tres meses de licencia por motivos de salud, quedando encargado del servicio médico el doctor Naveiras. El 18 de agosto de 1909 se celebró el 50º aniversario del ejercicio de su profesión, sus amigos del Puerto de la Cruz, donde residía le obsequiaron con un banquete.

[236] *Diario de Tenerife*, 11 de junio de 1910.

[237] AMLO. Serie: Sanidad, caja nº 5.

como diputado provincial y subdelegado de Medicina. En 1887, editó en La Laguna el periódico *El Murciélago*, aunque de vida efímera[238].

Fue director de la primera revista de contenido exclusivamente médico que se edita en las Islas, la *Revista Médica de Canarias*. El primer número apareció el 6 de febrero de 1896, y su equipo de redactores estuvo constituido por: Diego Costa, Rafael González, Federico León, Jorge Víctor Pérez, Agustín Pisaca Fernández, Nicolás Sánchez Rivero, así como los colaboradores: doctores Febles, Millares, Olivera, Rodríguez Núñez y Tacoronte. Su precio era de una peseta y de suscripción anual, siendo el último número publicado en 1896[239].

Publicó la estadística de sus operaciones quirúrgicas correspondientes a 1904, 1905 y 1907, incluyendo en el último "...los nuevos inhalo-reguladores de vapores anestésicos y, sobre todo, por la anestesia raquídea, que ya por entonces se practicaba en el Hospital Civil de Santa Cruz". Otros temas publicados en la revista fueron de índole quirúrgico, como "La cirugía de pulmón en el Congreso francés de 1895, De la traqueotomía seguida de la insuflación directa como tratamiento de la asfixia aguda y de los accidentes graves de la anestesia, Diagnóstico y tratamiento de las inflamaciones subagudas de la mama y Aneurisma sacciforme de origen traumático de la axilar curado por la ligadura de la subclavia"[240].

Los otros trabajos divulgativos del doctor Cabrera fueron: "Apuntes clínicos para el estudio de la seroterapia en la difteria", "Suero antidiftérico desecado". En febrero de 1896, publicó su experiencia sobre el uso de la sueroterapia en la difteria, describiendo la evolución clínica de sus experiencias[241].

---

238 AMLL. Serie: Sanidad, sección segunda, P-XXVIII.

239 La segunda etapa de la revista ocupó desde 1932 a 1936 con dos directores, uno de cada provincia: Cerviá Cabrera y Juan Bosch Millares. Se considera entonces como la continuación de dos revistas previas: *Práctica Médica* y *Anales Canarios de Medicina y Cirugía.*

240 GARCÍA NIETO, V y otro: *El Suero antidiftérico en la Revista Médica de Canarias.* Revista Vacunas, 2013, p. 137.

241 *Op. Cit.*

También se le conoce a este célebre médico por sus trabajos e intervenciones en el campo de otra especialidad médica: la Oftalmología, pues en 1904 publicó unos trabajos titulados "Estudios Quirúrgicos", basados en la estadística hospitalaria del año, donde refiere haber operado de cataratas por reclinación y tres pterigiones, dejando además constancia de sus excelentes cualidades como cirujano general. Falleció en Santa Cruz de Tenerife, el 26 de marzo de 1917[242].

Don Agustín Pisaca Fernández

El doctor Pisaca nació en Santa Cruz de Tenerife el 19 de abril de 1857, falleciendo en Tacoronte el 21 de agosto de 1935. En 1887 se licenció en la Facultad de Medicina de Barcelona y se doctora en 1890, año en que le nombran médico higienista municipal de Santa Cruz de Tenerife. Como facultativo representó al Ayuntamiento de esa ciudad una importante memoria sobre la *Higiene de la población de Santa Cruz*, en la que explicaba detalladamente las reformas necesarias que se debían llevar a cabo en el municipio para evitar enfermedades epidémicas e infecciosas.

Su propuesta fue aprobada, pero por falta de fondos sólo se aplican las recomendaciones referentes a lavanderas, a las carnicerías, plaza de abastos y retretes públicos. A comienzos de 1898, se hizo cargo interinamente de la asistencia del noveno Batallón de Artillería a propuesta del jefe de Sanidad Militar del Distrito, con el empleo de médico auxiliar de Sanidad Militar, prestando valiosos servicios con motivo de las guerras coloniales. Para dichos conflictos, creó dos hospitales provisionales y varios puestos de socorro, instruyendo al personal sanitario y dotándoles con material de su propiedad.

Algún tiempo después, presta servicios en el Hospital Militar de Santa Cruz de Tenerife. En febrero de ese año, fue nombrado médico municipal en propiedad de Santa Cruz de Tenerife tras la muerte

242 ABREU REYES, P.: *Historia de la Oftalmología de Canarias.* Santa Cruz de Tenerife. 2000, p. 9.

del doctor Darío Cullen, e instructor sanitario de la ambulancia de La Cruz Roja en dicha ciudad.

En marzo del año siguiente, fue nombrado por la comisión mixta de reclutamiento médico de la Caja de Reclutas y un año más tarde director médico de la ambulancia de La Cruz Roja, que tenía su domicilio en la calle Ruiz de Padrón junto al doctor Dugour. En 1910 es designado académico de número de la Academia de Medicina de Tenerife y en 1912 le nombran inspector de Sanidad de Santa Cruz. Algunos años después, en 1916, se le designa Inspector Provincial Municipal[243].

El doctor Pisaca trabajó incansablemente, con riesgo de su vida, en las diferentes epidemias que afectaron a la capital tinerfeña, durante los años 1891, 1893, 1894, 1897, 1906 y 1911. Igualmente, en 1906, con motivo de la epidemia de peste bubónica (que en realidad fue de *tifus petequial*, pero al principio se confundió con la peste), abandonó a su familia y clientela y se encerró en el Hospital de Aislamiento que se organizó en el Lazareto, durante cuatro meses.

Publicó numerosos trabajos divulgativos y de investigación, recibiendo numerosas distinciones a su labor profesional. Cuenta con una calle en Santa Cruz y otra en el Puerto de la Cruz[244].

Don Juan Febles Campos

Este médico, que fue alcalde de Santa Cruz, como más se le recuerda es por ser el promotor del Manicomio de la ciudad. Nació en 1859 y ejerció su profesión en la actual calle Emilio Calzadilla. Desempeñó numerosos cargos políticos, como presidente de la Diputación provincial, vicepresidente del Cabildo, delegado gubernamental de Industria y Comercio y consejero del Banco de España. En el ámbito profesional, fue secretario de la Real Academia de Medicina de Santa Cruz de Tenerife. Falleció en esta ciudad en 1937.

---

[243] CIORANESCU, A.: *Historia de Santa Cruz*. Tomo IV. Caja General de Ahorros. Santa Cruz de Tenerife. 1978, p. 313.

[244] *El Día*, 4 de marzo de 2003.

A finales del siglo XIX, cuando ocupaba el cargo de inspector de los Asilos Benéficos, impulsó la creación de un Manicomio (Hospital Psiquiátrico), ante el estado lamentable en que se encontraban los aquejados de estas enfermedades, ubicados en unas reducidas dependencias del Hospital Civil. Para ello, recabó la ayuda de la Junta de Caridad de Señoras y otros organismos públicos.

El proyecto de este Manicomio seguía las corrientes higienistas del siglo XIX, resultando un centro novedoso porque contemplaba zonas destinadas a jardines y huerta y un pequeño bosque. Al final, tras diferentes vicisitudes, en las que aportó dinero de su patrimonio privado, además de otras ayudas oficiales, el edificio se inauguró el 22 de agosto de 1917, del cual fue su primer director. Muchos años después, se denominó Hospital Febles Campos en su memoria.

Don Diego Guigou y Costa

Diego Guigou y Costa nació en el Puerto de la Cruz el 22 de octubre de 1861. Realizó los estudios de Medicina en la Facultad de Cádiz, finalizándolos en junio de 1887. Bastantes años después, en 1917, se doctoro en Medicina en la Universidad de Madrid. En 1889, ingresó mediante oposición en el Cuerpo de Sanidad Militar, alcanzando el empleo de médico segundo (equivalente a teniente). Tras pasar por diferentes destinos: Barcelona, Figueras, Las Palmas y Santa Cruz de Tenerife, participa en la campaña de Cuba donde contrajo la fiebre amarilla, enfermedad que le obligó a trasladarse a Tenerife y dejar la carrera militar.

Entre los meses de noviembre y diciembre de 1893, luchó contra la epidemia de cólera que asoló Santa Cruz de Tenerife. Su obra más importante, por la que se le ha recordado siempre, se trata de la creación del Hospitalito de Niños, cuya inauguración fue el 1 de diciembre de 1901, siendo su director hasta el año 1936 en que falleció. En 1918 se le concedió la Gran Cruz de la Beneficencia.

Ocupó la Presidencia de la Real Academia de Medicina durante muchos años, destacando además en otras actuaciones municipales como integrante de la Comisión para la Construcción del Parque Municipal, así como de otras inquietudes ciudadanas. Impartió clases de Historia de España, presidió el Ateneo y el Gabinete Instructivo.

En el campo médico y siempre ligado a la Institución infantil, promovió, fundó y desarrolló diferentes iniciativas encaminadas a la mejora de la situación infantil, como la creación de la Gota de Leche, campañas de vacunaciones, consultas gratuitas para niños y adolescentes sin recursos económicos, etc., realizando en definitiva una gran labor humanitaria por los niños pobres de Tenerife. El Ayuntamiento santacrucero rotuló una calle muy cerca del Parque García Sanabria con su nombre[245].

En 1935 interrumpe el ejercicio de la Medicina, aquejado de una enfermedad cardiaca que le deteriora físicamente y el 15 de julio de 1936, a los 74 años, falleció en Santa Cruz de Tenerife, siendo impresionante la manifestación de duelo en las calles de la Capital[246]. El Dr. Alfonso Morales, dice de este personaje: "Del pueblo nació y el pueblo lo defiende; en todas partes se habla de él, se le quiere, es como una de esas coplas que por expresar algo que todos quisiéramos decir, enseguida se agarra a la memoria, parece una folía...". Con su fallecimiento, en julio de 1936, el doctor Diego Guigou dejó una gran desolación entre la población chicharrera[247].

Doctor James Ingram

Nació en 1869 en Escocia. Los primeros datos que se tienen de este médico en el norte de Tenerife pertenecen a principios del siglo XX. Tras estudiar Medicina en su país, posteriormente vivió en una de las colonias africanas pertenecientes a Inglaterra, pero al no agradarle el clima del lugar decide trasladarse a esta Isla.

245 GARCÍA NIETO, V. y OTROS: *La obra pediátrica de Diego Guigou y Costa.* Infagráfica. 1991.

246 *La Opinión de Tenerife,* "Suplemento Medicina y Salud", 23 de julio de 2000, p. 12.

247 MORALES Y MORALES, A.: *Diego Guigou y Costa (1861 – 1936).* Fundación Canaria Salud y Sanidad. Santa Cruz de Tenerife, 2001.

En un principio, debió ejercer su profesión en el municipio de La Orotava ya que figura en el registro de "individuos que se han provisto de la correspondiente orden para pagar la contribución de patentes, para ejercer la profesión de médico" en esta Villa. Los años en que aparece registrado que pagó dicho impuesto van desde 1903 hasta 1922[248]. Es probable que simultaneara el ejercicio profesional entre los municipios de La Orotava y Puerto de la Cruz, como era frecuente en otros facultativos.

En esta última ciudad, su primer despacho médico lo instaló en una casa que era propiedad de los herederos de la familia Yeoward, ubicada en el margen derecho del Barranco de San Felipe. Posteriormente, se trasladó a la casa Tolosa, en el barrio de San Antonio, estableciendo una clínica en su parte baja y se cree que el doctor Isidoro Luz colaboró con él durante algún tiempo.

Durante la epidemia de gripe de 1918, el doctor Ingram luchó contra la epidemia de forma incansable y eficaz, atendiendo por igual a las clases pobres como a los adineradas, por lo que se ganó el cariño y simpatía del pueblo. Precisamente por este acto, así como por otros de similar carácter hacia los más desfavorecidos, el pueblo solicitó al Ayuntamiento que se le diera su nombre a una calle y que se le nombrara hijo adoptivo de la ciudad.

A la Corporación portuense, en sesión celebrada el día 21 de junio de 1921, se le concedió al doctor *James Kyd Duncan Ingram* una calle con su nombre, por los servicios "desinteresados que prestó a la población"; sobre todo, a los más necesitados que les asistía sin cobrarles nada por sus consultas.

En la misma sesión, se leyó un escrito firmado por más de cien señoras de Puerto de la Cruz, que solicitan que "en atención a los innumerables servicios prestados a este pueblo durante muchos años por el respetable doctor Ingram, que tanto bien ha hecho a los pobres y ricos

---

[248] AMLO. Serie: Sanidad, caja nº 3.

con su asistencia médica, se le nombre Hijo Adoptivo de este Puerto de la Cruz...", hecho que se materializó también[249].

Falleció el 21 de abril de 1933, produciendo su muerte gran dolor al ser un personaje que despertaba admiración y cariño por sus cualidades médicas y humanas, recibiendo sepultura en el cementerio protestante de la ciudad. También, en el seno de la colonia inglesa "ha sido muy sentida la muerte del reputado médico, que fue en vida un modelo de caballero"[250].

Don Julián Van Baumberghem

El doctor Van Baumberghem Bardají, nació en La Habana en 1876 y falleció en Madrid el 10 de octubre de 1927, cuando aún desempeñaba el cargo de Inspector Provincial de Sanidad de Canarias. Hijo de Agustín Van Baumberghem Vázquez, natural de Madrid, y de Silvina Bardají Cardona, que lo era de Santiago de Cuba.

Tuvo dos facetas claramente definidas. Una científica y profesional y la otra política. En la primera alcanzó puestos de gran importancia y responsabilidad en el estamento sanitario provincial. Fue subdelegado de Medicina en La Palma, en el año 1904, y más tarde fue ascendido al puesto más alto: inspector provincial de Sanidad.

En cuanto a su vida política, en un primer momento militó en el Partido Conservador, en el que su suegro era un alto cargo, pero más tarde se pasó a los liberales con intención de formar una escisión en el seno de éstos y obtener su liderazgo. Maniobra que logró, alcanzando la presidencia del nuevo Partido Liberal palmero, creado en Santa Cruz de La Palma bajo la jefatura de Moret Prendesgart, en 1908. Llegó a ser diputado a Cortes por el distrito de esa ciudad y reivindicó siempre una mayor autonomía de las islas menores del Archipiélago.

---

[249] Notas tomadas en *Diario Digital Independiente*, en: https://www.puertodelacruz.com/que-sabes-de-dr-ingram/.

[250] *La Prensa*, 22 de abril de 1933.

Fue director del primer laboratorio de Higiene que se instaló en Tenerife. Miembro de la Real Academia de Medicina y desempeñó el cargo de vicepresidente del Colegio de Médicos. A su fallecimiento, le sustituyó en el Colegio el doctor José Ramón Secchi de Angeli, teniente coronel médico de Sanidad Militar[251].

Entre sus logros profesionales, destaca la instalación en la capital tinerfeña del Instituto de Higiene y Laboratorio, pues a ello dedicó gran interés. También se debe a su iniciativa del proyecto del Sanatorio de Las Cañadas y de la carretera que va desde La Orotava hasta Vilaflor[252], pues era la única forma de llegar al futuro emplazamiento sanitario, consiguiendo materializar ambos proyectos y varios créditos para la realización del mismo.

Don José Navieras Zamorano

Nació el 13 de junio de 1876, en Santa Cruz de Tenerife, y obtuvo el título de licenciado en Medicina el 14 de octubre de 1898, por la Facultad de Cádiz. Su primer destino fue en el municipio de Guía de Isora, con el haber anual de mil quinientas pesetas. Luego, ya ejerciendo como médico municipal de la Capital, hay que destacar su encierro en el Lazareto, junto al doctor Pisaca, durante la epidemia de peste bubónica entre 1906 y 1907[253].

José Navieras, fue inspector de Sanidad municipal y desde 1902 elaboraba informes sobre las plazas vacantes de médico en la Capital y resto de Tenerife que se debían cubrir. Ocupó el cargo de presidente del Colegio de Médicos de Canarias, hasta su división provincial en 1927. Otras actividades profesionales desarrolladas: director de la Casa de Socorro, bibliotecario de la Real Academia de Medicina y médico del Hospital de Niños.

---

[251] TOLEDO TRUJILLO, F., y HERNÁNDEZ DE LORENZO MUÑOZ, M.: *Historia de la Medicina palmera y sus protagonistas.* Centro de la Cultura Popular Canaria. Tenerife. 2001, pp. 300-301.

[252] AMLO. Sección: Patrimonio.

[253] *La Prensa*, 21 de marzo de 1926; y "El Día", 29 de mayo de 2002.

El 19 de marzo de 1926, se efectuó un homenaje popular en el Hotel Quisisana en honor del doctor José Naveiras Zamorano, con motivo de la concesión de la Cruz de Primera Clase de la Orden de la Beneficencia, que le fue otorgada por el Gobierno de la Nación.

Esta insignia de tan alta distinción fue adquirida por suscripción de sus amigos, que agradecían sus servicios al frente del Hospital de Aislamiento de la capital, así como "benefactor y colaborador médico" del Asilo de Ancianos, además de ser presidente de la Junta Local de Enseñanza, inspector de los Servicios Sanitarios Municipales y presidente del Directorio del Partido Republicano en Tenerife.

En la Presidencia del acto se encontraba el propio Naveiras, Felipe Ravina, en representación del alcalde; Benito Pérez Armas, ex-diputado a Cortes por La Gomera; Andrés Orozco, ex-alcalde de la capital; Antonio Toribio Valle, ex-vicepresidente del Cabildo Insular; Faustino Martín Albertos, ex-diputado provincial; Julián Van Baumberghen, ex-diputado a Cortes por La Palma e inspector provincial de Sanidad; Andrés Arroyo González de Chávez, ex-diputado a Cortes por Tenerife; Ricardo Castelo, director de Sanidad Marítima; Francisco La-Roche, ex-alcalde de Santa Cruz de La Palma y ex-diputado provincial.

Falleció el 6 de abril de 1933. Al día siguiente tuvo lugar su sepelio en Santa Cruz, organizándose un espectacular entierro debido a la popularidad del personaje. "El féretro fue conducido a hombros desde la casa mortuoria hasta el cementerio, llevando las cintas el presidente de la Cruz Roja Ballester, el director de la Casa de Socorro doctor Robayna, inspectores Alvarez, Sebastián Castro y Antonio Vandevalle, y el presidente de la Juventud Republicana, Enrique Carreras Lugo Viña"[254].

Una sección de la Cruz Roja daba escolta al féretro que iba cubierto con la bandera de dicha institución. En la presidencia del duelo iba el comandante general de Canarias, Enrique Salcedo; alcalde de la capital, Armas Quintero; presidente del Cabildo, Maximino Acea; comandante de Marina, Montero Ríos; inspector provincial de Sanidad, Núñez del Río; diputados a Cortes, Ramón Gil-Roldán y Andrés Oroz-

254 *La Prensa*, 8 de abril de 1933.

co; presidente de la Audiencia provincial y Fiscal de la misma; Rector de la Universidad de La Laguna, Hernández Borondo; alcalde de La Laguna, Demetrio I. Pérez y otras representaciones locales.

En el cortejo figuraban centenares de personas de todos los sectores políticos, sociales y población en general, junto a la banda municipal de música.

Don Diego Costa Izquierdo

El doctor Diego Costa Izquierdo nació en Santa Cruz de Tenerife en 1877 y fue discípulo aventajado de la Institución de Segunda Enseñanza. Hijo del insigne médico Diego Costa y Grijalba (que fue médico municipal para la hospitalización domiciliaria en 1869 y médico auxiliar del Hospital de Desamparados en 1885), cursó sus estudios de Medicina en la Facultad de Cádiz finalizando los estudios en 1899, donde fue alumno interno por oposición y se inició en los quehaceres quirúrgicos con el prestigioso doctor Enrique López Sancho. Más tarde amplió estudios en clínicas europeas.

Regresó a Tenerife y ocupó el puesto de cirujano del Hospital Civil, cuya dirección facultativa asumía años después, realizando con gran éxito las más arriesgadas operaciones quirúrgicas. En 1919, durante su participación en el Congreso Médico de Madrid le otorgaron el nombramiento de profesor honorario del Instituto Rubio, junto a prestigiosos médicos como el doctor Barraquer de Barcelona y Lozano de Zaragoza.

Fue académico numerario de la Real Academia de Medicina tinerfeña y fundó la Casa de Salud Médico-Quirúrgica del Dr. Costa, que "contó con los mayores avances técnicos de su época". Autor de numerosas obras entre las que destacan: *Monografía médica de la ciudad de Valencia, Higiene de las marchas en el ejército de Cuba, Manual de química médica* y *Cartilla higiénica para el ejército en guarnición, maniobras y campaña.*

Falleció en diciembre de 1920 y este hecho representó una gran pérdida para la vida médica y para la población que manifestó gran dolor y profunda manifestación de duelo, así como por parte de las autoridades civiles y sanitarias. En febrero de 1921, se celebró la sesión inaugural de curso de la Real Academia de Medicina dedicada a su figura, y en marzo se organizó en el Teatro Municipal -cedido gratuitamente por el Círculo de Escritores y Artistas- una velada necrológica por la memoria del académico y secretario perpetuo don Diego Costa Izquierdo.

El Colegio de Médicos y varios miembros del Círculo de Escritores y Artistas se adhirieron también al acto también. El discurso necrológico estuvo a cargo del doctor y secretario de la Academia, Julián Rodríguez Ballester.

El doctor Costa Izquierdo tenía un establecimiento sanitario médico-quirúrgico, situada en la calle Viera y Clavijo de Santa Cruz. Contaba con unas instalaciones "...perfectas y completas de medicina física, caños de vapor, masajes, rayos X, alta tensión, baños eléctricos, aire caliente, etc. Tenía, a su vez, un departamento de Cirugía". Se admitían a toda clase de enfermos, salvo los que padecían enfermedades mentales o infecto-contagiosas. El horario de consultas ambulatorias era los martes, jueves y sábados a las cuatro de la tarde[255].

Don Miguel Pérez Camacho

El doctor Pérez Camacho nació en La Palma el 8 de febrero de 1882. Estudió Medicina en la Universidad de La Habana, destacando muy pronto como "hábil y experto cirujano" en las ciudades de Cabaiguán, donde instaló una clínica con su nombre: Clínica del Dr. Camacho, donde practicó en 1914 una "gastro enterostomía en un paciente portador de una úlcera pilórica"; también, ejerció en Sagua la Grande y en la misma Habana, donde dirigió el Hospital de Maternidad e Infancia. A los cincuenta años regresó a las Islas Canarias, concretamente el 28 de julio de 1932.

En un principio trabajo en Santa Cruz de La Palma, en el Hospital de Dolores y en su clínica privada, que llevó por nombre Clínica Ca-

255 MORALES MORALES, A: *Diego Costa Izquierdo.* Ediciones Canarias. Tenerife. 1994, p. 1.169.

macho, lugar donde fue muy querido por sus actuaciones médicas a lo largo de su dilatada carrera profesional, realizando en torno a dos centenares de intervenciones quirúrgicas en la Isla.

El doctor Pérez Camacho constituyó un hito en la cirugía, no sólo en La Palma, sino en el Archipiélago canario. Su fama pronto se extendió por todas las Islas, acudiendo pacientes de todas ellas para ser intervenidos por él, sobre todo los enfermos de vías digestivas y las pacientes ginecológicas, especialidades que dominaba a la perfección, adelantándose en las técnicas no sólo a los cirujanos canarios sino a muchos otros destacados de la Península.

De entre esas las técnicas quirúrgicas que realizaba, se encontraban las intervenciones sobre estómago (gastrectomías) y colecistectomias (extracción de la vesícula biliar) con notable éxito, que nunca se habían hecho en Canarias y contados los casos en la Península. Tal fue la fama que alcanzó fuera de las Islas, que el célebre médico barcelonés doctor Gallart Monés se trasladó a La Palma para conocer al doctor Pérez Camacho y presenciar alguna de sus intervenciones.

Al doctor Camacho le tocó vivir una época de transición de la Cirugía, en que la eficacia de la misma se lo debía todo a la habilidad, destreza y velocidad (ahorro de tiempo) en la actuación del cirujano, cualidades que reunía este cirujano "en grado superlativo". En 1949, cuando su salud estaba algo quebrantada, se trasladó a Santa Cruz de Tenerife, donde continuó ejerciendo como cirujano mientras pudo, con la habilidad y brillantez que le caracterizaba, hasta que vencido por sus achaques dejó de existir en 1957.

Fue miembro de las Sociedad Nacional de Cirugía de La Habana y de la Sociedad de Estudios Clínicos de la misma ciudad, donde expuso y se le publicaron diversos trabajos, destacando: "Un caso de histerectomía del útero grávido a término" y "Notas quirúrgicas". Este último leído ante la Academia de Ciencias Médicas, Físicas y Naturales de La Habana.

En España, fue distinguido con la Encomienda y Placa de la Orden de Sanidad y con la Medalla de Oro de Santa Cruz de La Palma, ciudad que ostenta su nombre en una de sus calles y en la que se perpetúa su memoria con un busto en bronce en una de sus plazas principales. También, en Santa Cruz de Tenerife el Ayuntamiento le dedicó una calle.

En mayo de 1933, la isla de La Palma le tributó un homenaje a este gran profesional de la Medicina, con motivo de sus innumerables triunfos profesionales. Consistió el acto en un almuerzo en la Plaza del Santuario de las Nieves, que se encontraba engalanada con banderas españolas y cubanas, y dos bandas de música, La Victoria y La Esperanza, completaban el ambiente de la fiesta popular. Antes del almuerzo, el médico tinerfeño Luis Cobiella Zaera hizo el ofrecimiento del homenaje al doctor Pérez Camacho, con un emotivo discurso por la labor realizada en la isla de La Palma[256].

Don Diego Manuel Guigou y Costa

Nació en Santa Cruz de Tenerife en 1902. Era hijo del también famoso Diego Guigou y Costa -cuya coincidencia de nombre y apellidos ha llevado a errores entre algunos estudiosos- dedicándose como su padre en cuerpo y alma a la Pediatría y la cirugía infantil.

Tras finalizar sus estudios de Medicina, se incorpora al proyecto de su padre: el Hospital de Niños, allí realizará su gran labor hasta su fallecimiento, el 25 de enero de 1986. Último eslabón de una dinastía médica, que no necesitó de su ilustre apellido para convertirse en un gran médico. A la muerte de su padre, en 1936, ocupó la dirección del Hospital de Niños.

Ingresó en la Real Academia de Medicina de Tenerife en 1931, ocupando más tarde los puestos de secretario, vicepresidente y secretario general perpetuo. En 1929, publicó un texto científico importante sobre psicología infantil con el título: *¿Qué es un niño?*, que es el resultado de sus conocimientos y vivencias sobre el quehacer médico infantil.

---

[256] TOLEDO TRUJILLO, F., y HERNÁNDEZ DE LORENZO MUÑOZ, M.: *Op. Cit*, pp. 303-304; y, *El Día*, "Suplemento dominical", 9 de abril de 1978.

Para el doctor Coello Higueras, "del contenido del trabajo mencionado se desprende una carga afectiva y emocional muy lejana de la frialdad científica", lo que demuestra la ternura del personaje. Era frecuente que "antes de intervenir quirúrgicamente algunos niños los acariciara, los besara y, casi siempre, una vez dormido por la anestesia, se quejara de la pena casi angustiosa que le originaba abrir los tejidos del vientre o de otra parte del cuerpo a éste o aquel pequeño paciente"[257].

También, se introdujo en el mundo de la pintura y las letras, publicando el libro *Puerto de la Cruz y los Iriarte, notas biográficas.* Con motivo de la edición de esta obra, en la que se analiza el paso generacional de los Iriarte desde su llegada a las Islas, donde está imbricada su propia familia, el autor, en su introducción, hizo una amplia reflexión sobre los médicos y las aficiones que éstos puedan tener.

> *La Medicina es una ciencia esencialmente humana, y el médico ha de adecuar sus actividades todas no sólo a la adopción de conocimientos de tipo biológico, sino que ha de orientar sus ocios hacia el único campo en el que se puede hallar paz y sosiego, que es, justamente, en el que florecen las creaciones del espíritu.*
>
> [...]
>
> *...partamos de la premisa de que, ya en los albores de nuestros estudios facultativos, un buen día un Maestro nos dice: la Medicina, señores, no es sólo ciencia, sino que es, también, Arte... y este sorprendente concepto, al grabarse en nuestro ánimo, constituirá, andando el tiempo, el punto de arranque de las futuras aficiones del médico. Y es así como llega éste a aunar los estudios estrictamente biológicos con el de las prodigiosas manifestaciones del espíritu del hombre; y se soslaya y recrea con ellos, y llega un momento en que comprende, a plenitud, que también es Arte la Medicina...*[258].

Otras obras literarias y científicas del autor, son: *La madre y el niño en las artes plásticas, Un caso de transposición visceral, Consideraciones*

[257] COELLO HIGUERAS, F.: *Aquellos doctores.* Ediciones Idea. Santa Cruz de Tenerife. 1997, p. 38.

[258] GUIGOU COSTA, D. M.: *El Puerto de la Cruz y los Iriarte, notas biográficas.* Litografía Romero. Santa Cruz de Tenerife. 1945, pp. XX-XXI.

sobre un caso de fimosis en un lactante distrófico y *Aportaciones al estudio del eritema nudoso*[259].

En 1967, se le concedió la Encomienda de la Orden Civil de Sanidad, como reconocimiento a sus méritos. También se le nombró Académico de Honor de la Real Academia de Medicina de Tenerife. Su figura y trayectoria le colocaron en los sentimientos y el aprecio de todos los tinerfeños.

En palabras de Felipe Coello, si en la Medicina fue un eslabón importante "en la cadena de científicos españoles, resultó también un hombre preparado para vivir la sociedad de este siglo", pues además de sus cualidades científicas se había introducido en el mundo de las letras y las bellas artes.

Don Tomás Cerviá Cabrera

Nació en la isla de La Palma, el 21 de julio de 1902. Cursó la primera enseñanza en los colegios del Corazón de María y San Ildefonso, y continuó el bachillerato con una beca del Ayuntamiento de Santa Cruz de Tenerife. Terminó la carrera de Medicina con brillantes notas en la Universidad de San Carlos de Madrid, el 17 de febrero de 1926. Diez años después, en marzo de 1936, obtiene el grado de doctor con sobresaliente *Cum Laude.* Especialista en Medicina Interna y Enfermedades respiratorias.

Fue ayudante en la cátedra de Fisiología de la Universidad Central de Madrid, y en varias clínicas médicas del Hospital General de Beneficencia; asistente en los Laboratorios de Fisiología de la Junta de Ampliación de Estudios; interno en la Facultad de Medicina y del Hospital Provincial de Madrid, y ayudante de Facultad en París. De vuelta a Tenerife, fue el responsable de la Lucha Antituberculosa española, además de fundador del Dispensario Antituberculoso de Tenerife, en Ofra. Considerado uno de los principales combatientes contra esta enfermedad en Tenerife y otras islas.

---

259 *Op. Cit.*

Para Felipe Coello, "le considera el primer profesor que tuvo nuestra Universidad de La Laguna en su Facultad de Medicina", pues al ser profesor del Instituto de Patología constituido en Santa Cruz, en 1954, lo ve como tal; cuando, a su vez, fue nombrado jefe de Medicina Interna en el Hospital Civil. Era un estudioso nato, y "no tenía limitaciones de horas, cuando se refería a sus enfermos y a sus libros". Lograr la salud para sus pacientes fue el camino que recorrió durante su vida.

Don Tomás luchaba para que los enfermos "no vomitaran sangre a causa de que sus pulmones estaban minados por el bacilo tuberculoso", fue la dura batalla que sostuvo para que sus enfermos del sanatorio de Ofra, con el "único fin de que salieran de allí curados". Allí, en ese centro que disponía de cuatrocientas camas, los enfermos eran cuidados en "un ambiente científico, cariñoso, complaciente y al mismo tiempo exigente"[260].

Como se dijo, fue el fundador del Instituto de Fisiología y Patología Regional, y jefe clínico de una de las dependencias del Hospital de los Desamparados. Inspector de los Establecimientos Insulares de Beneficencia a partir de 1955 y miembro de número de la Real Academia de Medicina de Canarias desde 1930.

Miembro de Honor del Instituto Canario de Medicina Interna, de la Sociedad Internacional de Patología Bronquial y de la Sociedad Internacional de Patología Geográfica. También perteneció como miembro numerario a las Sociedades Españolas de Cardiología, Endocrinología, Reumatología, Alergología, del Instituto de Estudios Canarios y de la sección canaria de la Sociedad Española de Física y Química. En cuanto a entes científicos internacionales, a la Sociedad Argentina de Medicina Interna, médico del Hospital Tormú y del Dispensario de Tisiología en Venezuela.

Hijo Predilecto y Medalla de Oro de su ciudad natal, y recibió la Encomienda de la Orden Civil de Sanidad. Falleció el 15 de junio de 1962[261].

---

260 COELLO HIGUERAS, F.: *Aquellos doctores. Op. Cit*, pp. 35-36.

261 GONZÁLEZ GONZÁLEZ, E.: *Tomás Cerviá Cabrera, un médico en la Historia de Canarias.* Colegio Oficial de Médicos de Santa Cruz de Tenerife. 1987.

Don Juan Vidal Torres

Este profesional de la Medicina, como en el supuesto de los dos últimos, su trayectoria profesional se encuentra al final del periodo estudiado, pero en el presente caso es el único que, tras prestar servicios en el antiguo Hospital de los Desamparados (Hospital Civil), pasa al Hospital General y Clínico (actual Universitario de Canarias) donde culminará su vida laboral, ya en el último tercio del siglo XX.

Nació en Santa Cruz de La Palma, en 1908, realizando el bachiller en esa ciudad. Luego, realiza los estudios de Medicina en la Facultad de Cádiz, licenciándose en 1929. En el Hospital General de Madrid cursó la especialidad de Otorrinolaringología (ORL), bajo la dirección del doctor Adolfo Hinojar Pons[262]. De regreso a Tenerife, comenzó su actividad en el Hospital de Nuestra Señora de los Desamparados en el Servicio de ORL.

En 1932, se celebraron las primeras Jornadas Médicas de Canarias, donde don Juan presentó el trabajo titulado "A propósito de más de 300 amigdalectomías practicadas con el procedimiento de Sluder-Ballenguer". Entre los años 1932 y 1936 se editó la *Revista Médica de Canarias*. El doctor Vidal, publicó en la misma varios y notorios artículos de su especialidad.

También, trabajó como otorrino en el Hospital de Niños de Santa Cruz de Tenerife, institución benéfica que funcionó de forma ininterrumpida desde 1901 hasta casi la conclusión del siglo XX, como se ha visto en el presente trabajo. Su esposa, Mercedes Estarriol Hamilton, fue presidenta de la Junta Administrativa de dicha Institución durante su última época. Destaca su participación en los diferentes programas en la lucha antituberculosa, tanto en el dispensario situado en la calle

---

262 Adolfo Hinojar Pons (1881-1956). En Zaragoza nació y estudió Medina y a la vez Ciencias Fisicoquímicas, consiguiendo Premio Extraordinario en ambas. Una vez en Madrid, desempeñó diferentes puestos en la Beneficencia municipal, Casa de Socorro, equipo Quirúrgico municipal y médico del Hospital provincial de Madrid, entre otros, siempre en el campo de la Otorrinolaringología. En el ámbito académico, fue profesor auxiliar de la Facultad de Medicina de Madrid, primero de la cátedra de Farmacia Terapéutica y luego de Otorrinolaringología.

San Lucas de la Capital, y luego como miembro de la sanidad nacional en el Sanatorio Antituberculoso de Ofra (Tenerife), bajo la dirección del doctor Tomás Cerviá[263].

En julio de 1971, con motivo de la apertura del Hospital General y Clínico, se le solicitó por parte del Cabildo de Tenerife -titular del viejo Hospital Civil y del nuevo- que pusiera en marcha el Servicio de Otorrinolaringología del nuevo Centro, hecho que materializó y dirigió hasta la finalización de su vida laboral.

Perteneció a la a la Sociedad Española de ORL y a la Real Academia de Medicina de Santa Cruz de Tenerife, en la que presentó numerosas comunicaciones. Colaboró en la *Revista Médica de Canarias*, aportando interesantes trabajos de investigación. Algunos de ellos no han salido a la luz pública por "la gran sencillez humana que posee y que siempre le ha caracterizado"[264]. Falleció en Santa Cruz de Tenerife en el año 2003.

---

[263] TOLEDO TRUJILLO, F., y HERNÁNDEZ DE LORENZO MUÑOZ, M.: *Op. Cit*, pp. 333-334.

[264] COELLO HIGUERAS, F.: *Aquellos doctores. Op. Cit*, pp. 55-56.

BIBLIOGRAFÍA

Fuentes primarias

Archivos:

- AHPTF: Archivo Histórico Provincial de Santa Cruz de Tenerife.
- AMLL: Archivo Municipal de San Cristóbal de La Laguna.
- AMLO: Archivo Municipal de La Orotava.
- AMSCT: Archivo Municipal de Santa Cruz de Tenerife.

Periódicos y revistas:

Diario de Tenerife.

La Opinión.

El Cronista de Tenerife.

El Propagandista.

El Eco de Santa Cruz de La Palma.

Última Hora.

El Propagandista.

El Reformista.

El Adelantado.

La Democracia.

Valle de La Orotava.

Las Canarias.

Las Noticias.

El Memorandum.

La Justicia.

La Prensa.
El Noticiero.
El Día.

Revista de Canarias.
Revista La Medicina Canaria.

Fuentes secundarias

Publicaciones:

– Busto y Blanco, F.: *Topografía Médica de las Islas Canarias.* La Andalucía. Sevilla. 1864.

– Carr, R.: *España, 1808 – 1975.* Editorial Ariel, S. A. Barcelona. 1982.

– Coello Higueras, F.: *Aquellos doctores.* Ediciones Idea. Santa Cruz de Tenerife. 1997.

– Cioranescu, A.: *Historia de Santa Cruz.* Tomo IV. Caja General de Ahorros. Santa Cruz de Tenerife. 1978.

– Cola Benítez, L.: *Santa Cruz, bandera amarilla: Epidemias y calamidades (1884 – 1910).* Ayuntamiento de Santa Cruz de Tenerife. Organismo Autónomo de Cultura. 1996.

– Cullen Salazar, J.: *El Colegio de San Isidro de La Orotava (1907 – 1998).* Fundación San Isidro Labrador. La Orotava. 1999.

– De Paz Sánchez, M.: *Historia de la Francmasonería en las Islas Canarias (1739 – 1936).* Excmo. Cabildo Insular de Gran Canaria. 1984.

– Farreras-Rozman: *Medicina Interna,* Tomo II. Editorial Elservier España, S.A. Madrid. 2004.

– Galán Gamero, J.: *Historia del Periodismo Tinerfeño (1900 – 1931).* Aula de Cultura del Cabildo. Tenerife. 1997.

– García González, J.: *Antecedentes del sistema sanitario,* en *Regulación del Sistema Sanitario.* Fundación AstraZeneca. Madrid. 2004.

– García Nieto, V. y Otros: *La obra pediátrica de Diego Guigou y Costa.* Infagráfica. 1991.

– González González, E.: *Tomás Cerviá Cabrera, un médico en la Historia de Canarias.* Colegio Oficial de Médicos de Santa Cruz de Tenerife. 1987.

San Telmo, ¡contra viento y marea! El médico en Santa Cruz a finales de los novecientos. Majuelos. Santa Cruz. 1990.

– González Yanes, J.: *Perfiles de médicos célebres: aportes a la sociedad tinerfeña.* Legopress. Tenerife, 1999.

– Guigou y Costa, D. M.: *Los niños canarios. Ensayo de Higiene Regional Infantil. Consagrado especialmente a las madres de familia.* Ediciones Idea. Santa Cruz de Tenerife, 2004.

– Guimerá Peraza, M.: *Dario Cullen Sánchez.* Tomo V. Ediciones Canarias. 1994.

– Hernández González, M.: *Enfermedad y muerte en Canarias. La enfermedad, la violencia y las catástrofes.* Tomo I. Ediciones Idea. Santa Cruz de Tenerife. 2004, p. 100.

– Méndez Pérez, T.: *Semblanzas del Teide.* Edirca, S. L. Las Palmas de Gran Canaria. 1985.

– Morales y Morales, A.: *Diego Costa y Grijalba.* Tomo V. Ediciones Canarias. Tenerife. 1994.

– Ory Ajamil, F., y González Lemus, N.: *Canarias y el Imperio Alemán. El Valle de La Orotava y Las Cañadas del Teide en la órbita de los intereses germanos.* Imprenta Atlas. Tenerife, 2003.

– Piedrola Gil y otros: *Medicina Preventiva y Salud Pública.* Salvat Editores. Barcelona. 1988.

– Pimulier, F.: *Diccionario de Medicina, Cirugía y Especialidades.* Madrid. 1973.

– Quintana Navarro, F.: *Informes Consulares Británicos sobre Canarias (1856 – 1914).* Centro de Investigaciones Económico y Social de la Caja de Canarias. Madrid. 1982.

– Toledo Trujillo, F., y Hernández de Lorenzo Muñoz, M.: *Historia de la Medicina palmera y sus protagonistas.* Centro de la Cultura Popular Canaria. Tenerife. 2001, pp. 300-301.

– VV.AA.: *Crónica de la Medicina.* Tomos I y II. Plaza y Janes Editores. Barcelona. 1996.

– VV. AA.: *Población de Hecho de Canarias, según los censos oficiales de 1900 a 1981.* Centro de Estadística y Documentación de Canarias (CEDOC). Consejería de Economía y Comercio. Las Palmas de Gran Canaria. 1989.

– VV. AA.: *Real Academia de Medicina de Santa Cruz de Tenerife. Primer Centenario de su Fundación (1880 – 1980).* Editorial Garsi. Madrid, 1981.

– Vizcaya Carpenter, A.: *Tipografía Canaria.* Instituto de Estudios Canarios. Santa Cruz de Tenerife. 1964.